© 2023, Buzz Editora

Publisher ANDERSON CAVALCANTE
Editora TAMIRES VON ATZINGEN
Assistentes editoriais LETÍCIA SARACINI, PEDRO ARANHA
Preparação LIGIA ALVES
Revisão ELIANA MOURA MATTOS, ALEXANDRA MARIA MISURINI
Projeto gráfico ESTÚDIO GRIFO
Assistente de design NATHALIA NAVARRO
Fotografias JOSI DI DOMENICO

*Nesta edição, respeitou-se o novo Acordo Ortográfico
da Língua Portuguesa.*

Dados Internacionais de Catalogação na Publicação (CIP)
(Câmara Brasileira do Livro, SP, Brasil)

Rodrigão
   *Seja muito mais que um milionário: Um passo a passo
   para virar a chave das suas finanças* / Rodrigão.
   São Paulo: Buzz Editora, 2023.

ISBN 978-65-5393-189-3

1. Dinheiro – Administração 2. Economia 3. Educação
financeira 4. Finanças pessoais 5. Investimentos I. Título.

23-151657   CDD-650.12

Índices para catálogo sistemático:
1. Riqueza: Sucesso financeiro: Administração 650.12

Aline Graziele Benitez – Bibliotecária – CRB-1/3129

Todos os direitos reservados à:
Buzz Editora Ltda.
Av. Paulista, 726, mezanino
CEP 01310-100, São Paulo, SP
[55 11] 4171 2317
www.buzzeditora.com.br

Rodrigão

SEJA MUITO MAIS QUE UM MILIONÁRIO

Um passo a passo para virar a chave das suas finanças

Dedico esta obra ao amor da minha vida,
Adriana Sant'Anna, que sempre esteve ao meu lado
nos altos e baixos, na saúde e na doença,
nos perrengues e na colheita.

Dedico também aos meus filhos, Rodrigo e Linda.
Vocês me fazem uma pessoa melhor a cada dia.
A família é o maior bem de um homem!

Introdução
9

Apresentação
13

OS QUATRO PILARES DO MAPA PARA A RIQUEZA:

MANDAMENTOS 35

APRENDIZADO 63

PRODUTIVIDADE 79

ATITUDE 109

Mão na massa
117

Agradecimentos
127

INTRODUÇÃO

Eu queria ter lido este livro há alguns anos. Teria me poupado tempo e me abriria caminhos e possibilidades, fazendo com que eu tivesse menos dores de cabeça e mais dinheiro.

Tudo o que você vai ler nas páginas seguintes são conselhos que eu daria para os meus filhos.

Filhos, eu sei que vocês vão ler este livro um dia e entender o porquê de tantas coisas que nós fazemos hoje. Tudo foi para o bem de vocês. Sua mãe e eu sabíamos que vocês seriam pessoas melhores que nós.

Esta é a trilha que eu teria seguido e que me faria chegar mais cedo aonde estou hoje. É a trilha cercada por mata fechada que eu abri, com garra, sangue e suor, para conseguir desfrutar do padrão de vida que tenho agora.

Os livros são portas que abrem infinitas possibilidades para caminhos que ainda não trilhamos. Eu sou o cara que gosta de ir adiante, de realizar sonhos e, principalmente, de encontrar saídas que me façam achar soluções ainda melhores não apenas para mim, mas para as pessoas ao meu redor.

Dividi esta obra em quatro fases:

A primeira delas fala dos MANDAMENTOS, porque toda jornada começa com o direcionamento, a estruturação de uma base, que é o mais importante. Depois de essa estrutura ter sido bem-fundamentada, todo o restante fica mais fácil. Nessa fase, você vai aprender e aplicar na sua vida os MANDAMENTOS que o levarão a uma vida próspera.

A segunda parte é a do APRENDIZADO, na qual compartilho tudo que vai fortalecer o seu caminho. O domínio do seu dinheiro, a disciplina, o controle financeiro e a reserva estratégica ajudarão nessa jornada. Quanto mais caminhar, mais perto você estará da paz financeira – e essa é justamente a próxima etapa.

Logo em seguida, vamos falar de PRODUTIVIDADE. Quando você entender tudo o que faz uma pessoa ser diferenciada, se destacar no meio em que vive, conseguirá buscar novas soluções e se tornar interessante no mundo dos negócios, fazendo com que mais pessoas desejem ter acesso à sua nova versão.

Finalmente, falaremos sobre ATITUDE. Quanto mais atitude tiver, mais resultados positivos e mais próximo da paz financeira você estará. Com ela, sua jornada se tornará mais leve e você sentirá que vale muito atravessar o deserto. Nessa fase, você vai aprender a servir e colher resultados reais.

MANDAMENTOS → APRENDIZADO → PRODUTIVIDADE → ATITUDE

Esse é o MAPA que pode levar você a lugares inimagináveis, e que agora está à sua disposição.

PARA ROMPER COM ALGO,
VOCÊ TEM QUE TER CORAGEM.
PARA TER CORAGEM,
VOCÊ PRECISA DE UM OBJETIVO,
PRECISA DE UM PROPÓSITO.

APRESENTAÇÃO

Crescer é romper

Neste livro, vou compartilhar com você muitos insights e aprendizados que obtive ao longo da vida. Em primeiro lugar, porém, quero falar sobre a semente da riqueza.

Nossa vida é curta demais, e com frequência perdemos tempo com coisas pequenas.

Nossos olhos ficam fechados para as soluções, e eu quero ensinar você a deixar de lado a frustração e começar a construir bons frutos financeiros na sua vida.

Muitas vezes você se sente preso no mesmo lugar, mas é necessário aprender que o dinheiro é emocional.

É comum querermos algo e, no meio do caminho, desistirmos. Será que queríamos tanto aquilo? Com frequência, gastamos tempo, energia e dinheiro em algo que, no fim das contas, não queríamos tanto assim.

Dinheiro só "dá em árvore" na hora da colheita se for plantado antes.

A primeira coisa que você precisa entender é que, se eu jogar uma semente no deserto, ela não vai florescer e gerar bons frutos. Não devemos plantar em qualquer terreno. Além disso, o cuidado na hora de plantar é o que determina o sucesso da nossa colheita.

NÃO BASTA PLANTAR: VOCÊ PRECISA FAZER AS ESCOLHAS CERTAS PARA COLHER O SUCESSO.

A parábola dos talentos

No Evangelho de Mateus, capítulo 24, a Parábola dos Talentos conta que um senhor muito rico decidiu fazer uma longa viagem. Antes de partir, ele chamou seus três servos e entregou uma quantia em dinheiro para cada um deles. Quando ele retornasse, os servos teriam que prestar contas desses valores.

Para o primeiro servo, o senhor entregou cinco talentos (o que equivale a um bom montante); para o segundo, dois, e para o terceiro, apenas um. Depois de muito tempo, ao retornar, o senhor convocou os servos para saber o que haviam feito com as quantias na sua ausência.

O primeiro devolveu ao patrão os cinco talentos, e ainda entregou mais cinco que tinha conseguido como resultado de um investimento. O segundo, que havia recebido dois talentos, devolveu quatro. E o terceiro – que havia enterrado o talento recebido – devolveu-o ao senhor.

Para este último homem, o senhor reclamou, "Servo preguiçoso", porque ele não frutificou.

Essa parábola explica que não se trata de reter para sobreviver, mas sim de semear para prosperar.

Quantas vezes não nos pegamos retendo tudo e deixando de compartilhar o que sabemos?

De que adianta nos calarmos? Reter ajuda a sobreviver, mas semear faz prosperar.

A colheita na vida

De nada adianta buscarmos teorias o tempo todo, ou lermos e não aplicarmos o que aprendemos. De que vale sabermos o que precisa ser feito se não o fazemos? O saber tem que frutificar. Essa é uma ordem divina na sua vida. Você tem atendido a esse comando?

É possível mudar

Escrevi este livro para mudar a sua mentalidade financeira, e o meu desejo é que você semeie o que aprender aqui ao longo da sua vida. Porque o conhecimento é seu melhor investimento.

Pensamos o tempo todo no plantio e na colheita, pois somos imediatistas. Mas esquecemos que, entre plantar e colher, existe o cuidar. E cuidar leva tempo.

Quando olho para uma foto minha e da minha esposa em abril de 2011, nós dois sentados num sofá velho – a única coisa que tínhamos no nosso apartamento –, me conscientizo de que existe um processo.

Em um momento você planta, no seguinte você cuida e só depois você colhe. E aí vem a pergunta: Onde você quer estar daqui a cinco anos? O que você quer? Ter mais tempo de qualidade com sua família? Quem vai estar com você nesse momento? Quem aparece ao seu lado na imagem que você está visualizando?

Faça essa visualização agora mesmo e pense nas pessoas que você ama, com um sorriso no rosto. Pense que não vai parar de semear, plantar e colher. Faça uma foto dessa imagem aí na sua mente e, sempre que passar por um momento difícil, lembre-se dessa imagem. Você não pode perder de foco o seu objetivo.

Ele precisa ser realizado. Lembre-se o tempo todo dessa imagem mental.

E sabe quem é o único responsável por essa foto acontecer no futuro? É você.

Deus dá o caminho. Não fique parado.

Estou aqui para te auxiliar, mas é você quem vai caminhar.

Comprometa-se agora

Antes, porém, preciso perguntar: Qual é o seu nível de comprometimento para chegar à foto que acabou de visualizar?

Para chegarmos ao momento da colheita, é necessário existir uma conjunção de fatores, e o desenvolvimento pessoal é a chave.

Dinheiro é emoção. Se o lado emocional estiver forte, o lado profissional vai explodir, você vai brilhar em sua trajetória. Por isso, o desenvolvimento emocional é muito mais importante para você do que qualquer coisa.

De nada adianta sentar ao lado do Elon Musk, aprender tudo o que ele sabe e retornar para sua vida sem disciplina, comprar coisas de que não precisa, fazer dívidas, acabar com seu tempo no Instagram, usar o cartão de crédito sem pensar no amanhã...

Desenvolvimento pessoal

Seu desenvolvimento pessoal passa por três pontos:

O primeiro ponto é a crença. Nascemos com raízes boas e outras não tão boas, e essas raízes são as nossas crenças.

O segundo ponto do desenvolvimento pessoal é a família. E aqui vai a minha dica para você que é casado ou tem um relacionamento: casal que corre separado estoura a corda no meio. A infidelidade financeira separa mais do que traição.

Grande parte das separações é causada pela infidelidade financeira, porque os atritos envolvendo dinheiro causam diversos outros problemas e você acaba não vendo a raiz deles – que pode ser uma conta escondida da sua esposa ou do seu marido.

E a infidelidade financeira pode ser tão fatal quanto a infidelidade conjugal. O dinheiro ajuda a ter tempo de qualidade com as pessoas que você ama. Sua família é sua base, e uma família forte gera bons profissionais.

Tem gente que vive ocupado e que não tem tempo para nada, não se conecta com a família, só pensa em trabalhar. Essas pessoas não sabem que o segredo do sucesso não está na sobrecarga, e sim na agenda vazia, como veremos ao longo deste livro.

De que vale parecer um profissional incansável para os outros se a sua família fica esperando você?

O terceiro ponto do desenvolvimento pessoal é o espiritual. Não sei qual é a sua religião, não sei em que você acredita, mas tenho algo para lhe falar: existe uma coisa na nossa vida que se chama "ciclo", e você deve entender que é necessário gerar um ciclo de boas obras em sua vida.

Preste atenção nisto: Deus dá a você um propósito, e, a partir do propósito, você age. E a partir da ação, você tem resultado. Quando você tem um resultado, gera boas obras, e elas o aproximam de Deus.

Esse é o ciclo de que você precisa para prosperar na sua vida, seja no relacionamento com seus filhos, seja no campo profissional, ou ainda na área financeira.

Olhe para as pessoas à sua volta. Trabalhe isso dentro de você.

Mas, para colocar a parte prática em andamento, você precisa de técnica e de disciplina.

Desenvolvimento técnico

As dívidas

Você tem dívidas?

Em 2012, eu e minha esposa contraímos uma dívida de 300 mil reais. A partir daquele momento, a ideia de que precisávamos quitar essa dívida passou a ocupar todos os espaços da nossa vida.

Ficávamos preocupados, pensando se conseguiríamos pagar o financiamento, pois vivíamos apertados. E, por conta da dívida, deixávamos de ter tempo de qualidade.

Mas é preciso ter uma vida de prioridade, e não uma vida de exclusão.

Em determinada época, nós tínhamos dois carros. Acabamos vendendo os dois e compramos um mais barato. Eu passei a andar a pé, parei de tomar cafezinho na rua. Não é o dinheiro do cafezinho que vai fazer você ficar rico, mas sua mentalidade de ser maior que a vontade de tomar aquele cafezinho tem a ver com desenvolvimento pessoal.

Isso faz total diferença.

As pequenas economias parecem não influenciar, mas, na prática, funcionam, porque ajudam sua mentalidade a mudar.

Se você tem dívidas, faça alguma coisa. Quebre o cartão de crédito. Se gasta demais, priorize. Se já está num nível mais agudo de endividamento, entenda que você não é menor que ninguém; não é uma pessoa problemática porque se endividou. Você se endividou porque errou, ou porque teve necessidade de se endividar. Isso acontece, mas, se é o seu caso, comece a viver à vista e depois negocie o que deve. Faça o possível e o impossível para guardar dinheiro e acumular recursos.

Empreender

Vou usar um exemplo simples. Uma pessoa de quem eu gosto muito me ligou há um tempo e disse: "Tô abrindo uma loja". Eu vibrei: "Vai pra cima!".

Depois de um tempo, nós nos falamos novamente, e essa pessoa me contou que as coisas estavam difíceis porque a loja tinha pouco movimento.

Eu perguntei onde ficava a loja e ele respondeu: "Ah, fica paralela a uma rua principal. O aluguel é baratinho".

E eu respondi: "Se o aluguel custa um terço do valor médio da região, algum motivo tem".

Hoje em dia, usar o digital para potencializar seus negócios e serviços é fundamental. Saber trabalhar com a internet para alavancar e escalar sua empresa é fundamental.

Em 2017, eu precisei viajar para assistir a uma palestra do meu ídolo. Hoje a internet facilita tudo, inclusive participar de eventos como esse.

Use o digital para potencializar seus negócios.

Muitas pessoas permanecem por anos em empregos que não as fazem felizes. Enquanto isso, o mercado digital se expandiu. Há várias profissões ligadas à internet que pagam bem e que não obrigam você a ficar fora de casa o dia todo fazendo algo de que não gosta.

Investimentos

Por último, quero falar sobre investimentos. Eu acredito em quatro tipos de investimentos.

CAPACITAÇÃO

Você só consegue crescer e romper com aquilo que não o satisfaz por meio da capacitação.

SEU PRÓPRIO NEGÓCIO

A capacitação traz ferramentas para que você crie seu próprio negócio e se desenvolva nele.

Qualquer coisa com que você trabalhe pode ser potencializada com o digital. O marketing digital é uma ferramenta de vendas.

Há pessoas que pegam dinheiro da empresa e reinvestem na própria empresa; com o tempo, a sua capacidade de crescimento fica cada vez maior.

Por outro lado, se a empresa cresce e o dono usa os recursos que ganhou pra adquirir bens pessoais – um carro, por exemplo –, pode acontecer de, no mês seguinte, haver uma queda no faturamento. E então é preciso trocar o ar-condicionado da empresa. O dono pega seu cartão de crédito de pessoa física e resolve o problema. Desse jeito ele não está fazendo a gestão nem da empresa nem da sua vida pessoal.

O MERCADO FINANCEIRO

Você sabe de verdade o que é investir no mercado financeiro?

Quando você compra ações de uma empresa, se torna sócio dela, porque é como se estivesse adquirindo uma pequena parte do negócio. Sempre que acontece a valorização dessas ações, geralmente quando a empresa é muito grande e ativa, você recebe dividendos. Isso é investir no mercado financeiro.

É possível escolher em qual negócio investir ao avaliar os fundamentos e os resultados da empresa, bem como outras informações que podem ser acessadas publicamente. Por exemplo, você pode investir em uma empresa de pequeno porte ao avaliar que ela tem um alto potencial de crescimento, pois, assim, ganhará dinheiro com o crescimento dela e com a valorização de suas ações. Ou pode investir em empresas já consolidadas que distribuem dividendos, participando da distribuição de lucros. Outra opção são os fundos imobiliários.

É importante ressaltar que investimentos financeiros naturalmente oferecem riscos, por isso é fundamental uma avaliação inteligente e minuciosa do negócio em que deseja investir. Em contrapartida, esse risco traz, a longo prazo, mais retorno financeiro do que os investimentos mais seguros.

Por isso, para fazer dinheiro de forma rápida, o mais aconselhável é administrar seu próprio negócio e investir com o dinheiro que você consegue guardar. Dessa forma, aquilo que foi investido servirá como uma renda extra futura na aposentadoria, por exemplo.

Mas eu quero que você entenda uma coisa: o que ganha com o seu negócio depois da capacitação, você aplica no mercado financeiro e no mercado imobiliário, levando em conta a valorização do imóvel.

Todos os multimilionários que você conhece com certeza têm pelo menos um imóvel. Vale a pena investir nisso; só não vale passar anos pagando um financiamento para ter uma casa própria sem ter pensado em uma estratégia para esse momento. O que quero dizer é que muitas pessoas financiam um imóvel por emoção ou por acharem que é obrigatório ter um, a qualquer custo.

Portanto, fique atento: ao comprar um imóvel, você imobiliza o seu patrimônio. O que isso significa? Que esse dinheiro fica paralisado e que você não tem como resgatá-lo imediatamente. No seu negócio você terá mais patrimônio imobilizado do que líquido, e é importante saber sobre isso.

Você é o responsável

Ao iniciar seu caminho usando o MAPA para a riqueza, tenha sempre em mente que você é o responsável por fazer aquela foto (da qual falamos anteriormente) acontecer.

EMPRESA RICA, DONO POBRE.
EMPRESA MILIONÁRIA, DONO RICO.
EMPRESA MULTIMILIONÁRIA,
DONO MILIONÁRIO.

Você é o responsável por construir um ano disruptivo, por romper com aquilo que não te serve mais.

Crescer dói, mas você vai ter que parar de ouvir as críticas de pessoas que não construíram nada e que querem mandar na sua vida.

Eu tenho certeza de que os frutos serão incríveis.

Romper para construir

A partir de hoje, entenda que romper com o que não serve mais é uma decisão sua.

Se você quer crescer e mudar a sua vida, precisa romper. Você nunca atingirá um resultado diferente fazendo as mesmas coisas que fazia antes.

Isso parece óbvio, mas romper com hábitos e crenças limitantes é o que existe de mais difícil em qualquer processo. Tudo que eu vou dizer neste livro vai ajudar você a criar uma nova estrutura mental.

O dinheiro é só um meio, não o fim

Já passei por momentos em que era obrigado a contar dinheiro, momentos em que precisava pedir dinheiro para os outros e momentos em que tinha tudo.

Em 2019, eu e minha esposa nos mudamos para a casa dos nossos sonhos. No meu aniversário, comprei o carro dos meus sonhos à vista, depois o blindei. E sabe o que era isso para quem anos antes não tinha nada?

Só uma casa, só um carro.

Se você tratar dinheiro como fim, vai ser um servo dele. O dinheiro é um ótimo servo, mas você não pode inverter esse jogo e passar a servir a ele.

Eu moro na melhor casa em que já morei, viajo com a minha família na primeira classe. É maravilhoso.

Mas esse não pode ser o nosso objetivo. O dinheiro em si não pode ser mais importante do que a experiência vivida.

A finalidade do dinheiro é permitir que tenhamos tempo de qualidade com as pessoas que amamos.

Dinheiro proporciona felicidade, sim, mas só se você souber usá-lo. Tenha a mentalidade certa para isso. O dinheiro não deve comandar você; é você quem o comanda.

Não se esqueça de que uma árvore se conhece pelos seus frutos: sua família, suas obras, seu legado.

Mantenha o foco o tempo todo

Se você pode semear no baixo, semeie quando estiver no alto também.

Não ore só quando precisar. Entenda que Deus deu a você as bênçãos, e não se esqueça de agradecer quando estiver se sentindo bem e realizado.

As derrotas e os tropeços fazem parte, mas não desanime.

Pegue um espelho. Olhe para ele e comece a refletir sobre tudo o que está acontecendo na sua vida. Olhe para os seus olhos nesse espelho e veja quem você realmente é. Tudo o que já enfrentou, as pedradas que recebeu, os tombos. Eu sei que tem sido difícil.

Eu quero que você entenda que vai passar por todos os obstáculos ao se conectar consigo mesmo. Vai vencer se passar por cima de todos os momentos ruins. Olhe para seus olhos. Não desvie o olhar.

Quando nos conectamos com Deus, os desafios até aumentam, porque as rasteiras chegam – mas tudo é preparado para que possamos romper com o que nos machuca.

Crescer pode doer, pode machucar, mas depende de nós alcançar a vitória. De joelhos no chão, vamos prosperar; as coisas vão melhorar. Só depende da nossa coragem jogar o medo fora e mudar a nossa realidade.

O tamanho dos problemas é proporcional à distância entre nós e Deus.

Semear é gerar transformação, e tudo que está semeando você vai colher.

Existe um processo para o plantio e a colheita acontecerem. Muitas pessoas acreditam que não estão colhendo e começam a pensar que há alguma coisa errada, porque são imediatistas.

E eu quero deixar você atento a algo de que precisa cuidar: esse algo é você.

Vamos falar sobre alguns perfis?

O endividado: aquela pessoa que tem dívidas e que perde o sono por causa delas. Mais de 80% das pessoas são endividadas e 30% são inadimplentes.

Por que você se endividou? Qual é o primeiro passo para sair das dívidas?

O chateado: aquela pessoa que está sempre infeliz com seu trabalho. É aquele sujeito que resmunga, que não gosta de nada. O reclamão da turma, sempre insatisfeito com seu perfil profissional.

Por que você trabalha: por vocação ou por dinheiro?

O "renda extra": aquela pessoa com inteligência emocional e financeira para iniciar algo que lhe dê uma renda extra. O "renda extra" é aquele que sempre está pensando em meios de aumentar seu rendimento mensal.

Uma dica: todas as profissões do mundo vendem. Aprenda a vender seu peixe!

O novo investidor: aquela pessoa que está começando a levar seu dinheiro mais a sério, poupando e aprendendo a investir.

Antes de mais nada, é fundamental você ter clareza do que busca: resultado de curto, médio ou longo prazo?

- Em curto prazo: invista, antes de mais nada, em capacitação e liquidez. Aprenda, leia bons livros e faça cursos. Tenha um investimento que permita acesso rápido ao seu dinheiro: o Tesouro Selic é o que há.
- Em médio prazo: o melhor investimento é ter seu próprio negócio, gerando liquidez, para assim ter recursos em eventualidades e para boas oportunidades que surgirem.

SERÁ QUE VOCÊ SE CONHECE?

Outro conselho é investir em ações de boas empresas para aprender a jogar o jogo do mercado financeiro e não correr muitos riscos.

- Em longo prazo: investir e reinvestir em seu próprio negócio e no Tesouro IPCA (cuja rentabilidade é atrelada ao índice da inflação). Esse investimento é ótimo porque existem vencimentos que começam em 2026 e vão até 2055.

Como romper com o perfil chateado?

Não posso sair do meu emprego. O que faço? A resposta é: viva uma vida de prioridade e comece a fazer renda extra.

Tenho um amigo que trabalhava numa empresa grande, multinacional. Ele passou a usar suas economias para empreender. Depois de um tempo, se sentiu seguro para pedir demissão e cuidar apenas do seu próprio negócio.

Vendas: a maior profissão do mundo

Você precisa aprender a vender. Entenda de vendas, estude tudo que puder para saber vender a si mesmo e seu produto.

Escolha algo para vender e crie uma renda extra. Para uma colheita fértil, é preciso ter qualidade de vida. Assim, comece entendendo seus gastos, sabendo exatamente qual é sua renda e quanto dela você pode investir.

Você está agradando os outros?

Outro dia, dois amigos vieram à minha casa. Decidimos pedir uma pizza e, quando perguntei a eles o sabor que queriam, veio a resposta: "Tanto faz".

E eu reclamei: "Tanto faz, não. Quando falam 'tanto faz', vocês não ajudam nem a mim, nem a vocês".

Eu poderia ter pedido uma pizza da qual eles não gostam por causa dessa resposta dada para não desagradar.

Por que estou dando esse exemplo? Porque precisamos nos posicionar na vida.

Ou estamos batendo na vida, ou estamos apanhando dela, por isso não temos o direito de viver no ritmo do "tanto faz".

E, para crescer, temos que seguir em frente. Sem deixar as oportunidades passarem. É preciso saber aonde queremos chegar.

Errar faz parte

Em 2009, eu fui convidado para participar do concurso Mister Paraná. Venci e fui convidado para o Mister Brasil.

Na época, eu tinha comprado um carro financiado, e fui para São Paulo achando que ia ganhar o concurso. Mas perdi. Gastei tudo que tinha, fiquei sem ter como pagar a prestação do carro, mas, não satisfeito, participei do Mister Mundo. Fiquei em segundo lugar.

Novamente, usei todo o dinheiro que tinha e fiquei sem grana para pagar as parcelas do carro. Ou seja, não aprendi nada com o meu erro anterior.

Contei essa passagem da minha vida para deixar claro que já errei muito, e que, hoje, eu só falo do que eu já vivi e sei bem do que estou falando com você.

A minha vida não é diferente da sua. Já passei por desertos financeiros e por épocas de colheita. Comecei do zero e, graças ao nosso trabalho, hoje somos prósperos.

Foque em gerar valor para as pessoas, crescer com sua família, dormir em paz.

O dinheiro potencializa muita coisa, mas é preciso saber que ele é um meio para conseguir aquilo que você quer, e não o fim.

Vejo muitas pessoas desanimadas, querendo mudar, mas sem saber como e por onde começar. É que o medo trava a gente.

Com tantas coisas ruins acontecendo no mundo, você simplesmente não consegue ir adiante.

MUITAS VEZES
BUSCAMOS A RIQUEZA,
MAS NÃO TEMOS CERTEZA
DO QUE ESTAMOS BUSCANDO.
A RIQUEZA NÃO ESTÁ
SÓ NOS BENS.

Acorde o leão

Agora eu quero que você escreva o nome de cinco mentores da sua vida. Podem ser nomes de pessoas vivas ou que já partiram. Autoridades, Jesus, pessoas de influência ou simplesmente familiares e conhecidos. Anote esses cinco nomes.

Jesus é meu guia natural, mas eu tenho outra pessoa que admiro na área de finanças, pessoas que me inspiram.

Agora que você escreveu os nomes, encontre cinco qualidades em cada um desses mentores.

Saiba que todas as qualidades que você enxerga nas pessoas existem em você, também. Pode acreditar: nós só conseguimos enxergar no outro aquilo que temos dentro de nós.

Os seis degraus da colheita

Eu quero que você suba a escada da colheita. Ela tem seis degraus, e você precisa, obrigatoriamente, percorrer todos eles.

Primeiro degrau – diagnóstico: você sabe o que é *diagnóstico*? Quando você vai ao médico, ele faz uma avaliação do seu corpo, analisa o seu estado naquele momento e faz diversas perguntas para descobrir como você está, se tem alguma doença, se precisará fazer algum exame.

Esse é o seu **Primeiro degrau – saber onde está**, como está sua vida hoje.

Segundo degrau – fim das dívidas: já diagnosticou como está sua vida? Agora, resolva o problema do endividamento. Se tiver várias dívidas, comece por aquela que tem mais juros.

Terceiro degrau – organização financeira: você organiza as suas finanças ou não tem controle disso? Agora é hora de fazer um apanhado dos seus custos fixos e variáveis. Você pode usar uma planilha do Excel ou um caderno para listar todos os seus gastos.

Quarto degrau – reserva financeira: é muito importante ter pelo menos três a seis meses de custo mensal guardados com liquidez. Se o seu custo de vida é de 2 mil reais, você precisa guardar 12 mil reais no mínimo e nunca mexer nesse montante.

Quinto degrau – clareza do que quer atingir com seus investimentos: não adianta perguntar qual o melhor investimento – depende do seu objetivo de vida.

Sexto degrau – liberdade: todos nós buscamos liberdade em todas as áreas da nossa vida.

Agora que você conheceu um pouco da minha história e da minha vida financeira, vamos nos aprofundar no método MAPA, estratégia criada por mim para ajudá-lo a encontrar a sua riqueza.

OS QUATRO PILARES DO MAPA PARA A RIQUEZA

MANDAMENTOS

APRENDIZADO

PRODUTIVIDADE

ATITUDE

MANDAMENTOS

Muitos de nós atravessamos períodos de tristeza, em que não sabemos para onde ir ou o que fazer. Nessas horas, deixamos de perceber as coisas boas da nossa vida e parece que tudo dá errado. Geralmente, isso ocorre quando estamos atravessando um processo.

A esses períodos sombrios eu dou o nome de "travessia".

Na minha vida, tive períodos de travessia que me deixaram à beira do abismo.

Sempre que eu passava por momentos em que não entendia os processos, em que tudo para mim era desconhecido, minha vida financeira não progredia.

Hoje eu sei quanto teria sido providencial a presença de um mentor que me conduzisse até onde eu queria chegar. Eu desejava muito ter um MAPA que me guiasse por caminhos nos quais eu poderia obter respostas para minhas perguntas.

Na verdade, eu não precisava de respostas: eu precisava das perguntas certas.

A importância de ter um mentor

Um mentor é aquele cara que dá a mão a você, que o desperta para caminhar. Ele guia seu percurso, ajudando você a enxergar coisas que muitas vezes são óbvias, mas que sozinho você não consegue

A MENTALIDADE DE RIQUEZA PARTE DE UM PRESSUPOSTO: VOCÊ PRECISA FALAR, ESTUDAR E PENSAR SOBRE DINHEIRO. FUGIR DISSO NÃO VAI FAZER AS CONTAS QUE PRECISAM SER PAGAS DESAPARECEREM NEM TRARÁ, PARA VOCÊ, MAGICAMENTE A RIQUEZA.

identificar, e o mentor geralmente provoca você com perguntas incômodas, mas o objetivo é fazê-lo desvendar o que está à sua frente.

Para começar esta parte do livro, quero provocar você com algumas perguntas que podem até parecer simples, mas que fazem parte do trajeto que vamos percorrer juntos.

Sem essas respostas, você dificilmente vai conseguir atravessar um período turbulento. São elas que ajudarão você a entender o que é necessário neste momento da sua vida.

Precisamos falar sobre finanças

A maioria das pessoas nunca aprendeu a investir, e eu também demorei muito para aprender. Talvez você tenha passado a maior parte da vida sem entender de finanças, e pode ser que diga que não gosta desse assunto.

Você pode estar endividado hoje, sem saber como pagar até mesmo as contas mais básicas da casa. Pode ser que você nunca tenha aprendido a guardar dinheiro, a crescer financeiramente. Talvez tenha dívidas no cartão de crédito.

Saiba que esses problemas são mais comuns do que você pode imaginar. E a parte mais animadora de tudo é que a solução se dá a partir de uma mudança de mentalidade, algo simples de ajustar quando existe interesse e disciplina.

Enquanto eu escrevia este livro, a imprensa noticiou um problema de grandes proporções que aconteceu numa empresa de criptomoedas. Os clientes dessa empresa tinham rentabilidade alta, e isso seduzia quem estava começando. A empresa, que era atraente no início, acabou revelando um problema de proporções gigantes.

E o que podemos tirar de lição dessa história? Que as pessoas que faziam parte daquele cenário eram imediatistas.

Essa é a primeira coisa a ser combatida por quem quer crescer financeiramente: o imediatismo.

Coloque uma coisa na sua cabeça: o que existe é constância e mentalidade financeira. O que vai fazer você acumular dinheiro é isso.

Enquanto tem gente que herda fortunas e não sabe nada sobre dinheiro, outras pessoas podem passar a vida num emprego público sabendo fazer um pé-de-meia e conseguindo desfrutar de uma boa aposentadoria.

Eu vejo muita gente fugindo do assunto, tentando esquecer as contas para ver se elas desaparecem. Mas não é assim que acontece. As contas, as dívidas, os problemas se acumulam se você não olha para eles e vê os números que não quer enxergar.

É difícil, eu sei. Mas preciso que você invista nisso. Preciso que invista seriamente na sua educação financeira, porque esse conhecimento pode salvá-lo.

Se você souber onde está neste momento, vai entender para onde quer ir e com quem quer aprender.

Quando você entrar de cabeça no mundo das finanças, vai poder mudar o jogo da sua vida.

Para isso, quero que você separe alguns minutos do seu tempo e responda com muita transparência e sinceridade às perguntas a seguir.

O que está errado na sua vida financeira?

Essa resposta tem que ser rápida. É aquele insight que veio de bate-pronto quando você leu a pergunta.

Você pode estar ganhando pouco, com muitas dívidas, sem conseguir fazer uma renda extra, ou inadimplente.

O que estiver errado na sua vida financeira precisa vir à tona para que possa ser consertado. E só o que está na consciência pode ser consertado. Não dá para fugir disso.

O que faz você feliz?

Há pouco tempo, fui entrevistado e o repórter fez essa pergunta simples, mas que me deixou sem palavras.

O que nos faz feliz? É uma questão trivial, mas que molda nossa mentalidade. Somente depois de saber quem somos podemos nos transformar.

Se você sabe o que faz você feliz, já deu um passo em direção a algo.

O que tem te entristecido ou te deixado preocupado ultimamente?

Muitos fatores podem nos desestabilizar ao longo da vida, mas, na maioria dos momentos, o que nos entristece são os problemas financeiros. E eles estão diretamente ligados ao nosso bem-estar. Ficamos preocupados, perdemos saúde, horas de sono, bom humor e nos sentimos à deriva, sem norte. Tristes, apagados, com uma nuvem pairando sobre a cabeça.

Reflita sobre o que entristece você e escreva sobre isso.

Você tem mudado algum comportamento por causa de dinheiro ou pela falta dele?

Já vi pessoas se tornarem mais agressivas, tensas, bravas ou instáveis por causa da falta de dinheiro. Essas pessoas não conseguiam controlar o próprio comportamento porque estavam completamente perdidas na situação.

Faça uma reflexão sincera sobre sua vida hoje e diga como anda seu comportamento. Você mudou de alguma forma por causa do dinheiro?

_____

_____

_____

_____

_____

_____

Quando falo em "dinheiro", qual sentimento essa palavra desperta em você?

Algumas pessoas se sentem felizes, outras já contabilizam os boletos a pagar. E o que importa aqui é que o sentimento que isso desperta em você seja revelado: Angústia? Felicidade? Tristeza? Preocupação?

Observe a si mesmo e reflita para que possamos construir, juntos, uma nova história.

_____

_____

_____

_____

_____

_____

_____

Qual é o seu rendimento mensal?

Essa é a pergunta da qual muitos tentam fugir. Na maioria das vezes, o rendimento é variável, e a pessoa nem sabe a média do que ganha por mês. Mas você PRECISA saber disso.

_____

_____

_____

_____

_____

Qual é o seu custo de vida mensal e como você gasta esse dinheiro?

A maioria não sabe quanto ganha e nem quanto gasta. Acredite: eu vivi a maior parte da minha vida nesse sistema, até entendê-lo e romper com ele.

Qual é o seu gasto mensal? Você tem aplicações financeiras? Quanto você tem em aplicações? Quanto você deve? Tem uma poupança? Quanto dinheiro tem guardado?

_____

_____

_____

_____

_____

_____

_____

De 0 a 10, qual é o seu nível de tranquilidade e segurança financeira em relação ao futuro?

_____

_____

_____

_____

Como será o seu futuro se a sua vida financeira continuar do jeito que está hoje?

Abra seu coração e observe como está a sua vida hoje e como ela pode estar daqui a um tempo. É possível que um dia você não tenha dinheiro nem para comer?

Como vai ser daqui a cinco anos?

Não tenha vergonha de relembrar suas histórias neste momento.

Só para você ter uma ideia dos perrengues que já passei, em 2009 fui trabalhar como modelo em São Paulo e comecei a fazer bicos como garçom numa loja famosa. Eu voltava a pé para economizar o dinheiro da passagem, porque sempre estava preocupado com o dia de amanhã.

Atravessar um deserto financeiro é difícil, e eu honro quem estendeu a mão para mim, já que são poucos os que estão ali para nos ajudar.

Observe como está sua vida hoje e pense com sinceridade sobre isso.

QUANDO VOCÊ ENTRAR DE CABEÇA NO MUNDO DAS FINANÇAS, VAI PODER MUDAR O JOGO DA SUA VIDA.

Foco no M do MAPA

A letra M do MAPA se refere aos **mandamentos da sua vida financeira.** Todo mundo sabe que *mandamentos* são princípios a ser seguidos. Então, por mais simples que possam parecer, eles são importantes.

É claro que, em tudo que você se dispuser a fazer, vai precisar do mínimo de conhecimento para não cometer erros. Por exemplo, se eu for trocar a lâmpada aqui de casa, preciso saber que não posso tocar em nenhum fio desencapado.

Escrevi este livro com premissas básicas que eu vou transmitir para os meus filhos, e tenho certeza de que um dia você vai passar para os seus também.

Mandamento 1: Viva um padrão de vida abaixo do que você pode

Todo mundo, em algum momento, tentou assumir um padrão de vida acima daquele em que vivia. E se deu mal.

Quem não sabe o que é "padrão de vida" precisa ter atenção a esse mandamento, porque ele prepara você para todos os outros.

Se você respondeu às perguntas que eu fiz algumas páginas atrás, sabe quanto ganha e quanto gasta. Padrão de vida é: de quanto você precisa para viver?

Em 2022, para você ter uma ideia, 7 em cada 10 brasileiros não conseguiam ter uma renda superior aos seus gastos. E o que isso quer dizer? Que as dívidas estão se acumulando como uma bola de neve.

Muitas vezes isso acontece porque as pessoas não se planejam, ou querem só desfrutar o hoje. Sabe aquela máxima que diz "Preciso viver o hoje, porque o amanhã a Deus pertence"? Pois é. Essa frase parece tatuada na mente de muitos daqueles que não querem fazer planos.

Um dos vilões nessa história toda é o cartão de crédito, usado como uma extensão de renda. E há quem pense assim: "Por que viver abaixo se eu posso estar um padrão acima usando meu cartão de crédito como extensão de renda?".

Se você sabe quanto ganha, quanto gasta e de quanto precisa para sobreviver, já deu o primeiro passo. Eu, agora, vou dizer algo que pode parecer duro, mas é a verdade: Você precisa se colocar no seu lugar, no seu padrão de vida.

Sabe o que é se colocar no seu lugar? É parar de frequentar lugares que não pode pagar, parar de comprar coisas para ostentar, parar de parcelar bens para parecer que tem uma vida que não tem.

Toda essa mentira, mais cedo ou mais tarde, vai custar caro. E isso acontece quando você não tem uma mentalidade rica.

MENTALIDADE POBRE, CLASSE MÉDIA E RICA

Saiba que a pessoa com um tipo de mentalidade não ocupa necessariamente aquela mesma classe social.

A **mentalidade pobre** olha para as coisas dia após dia. É o tipo de pessoa que tem renda variável, por exemplo, recebendo por dia. Esses profissionais geralmente não conseguem enxergar a longo prazo e, com frequência, são mal remunerados.

A pessoa que tem mentalidade pobre só pensa no dia de hoje, não pensa no amanhã. É o famoso "vender o almoço para pagar a janta". Lá atrás, quando eu não tinha nenhum conhecimento sobre finanças, já tive essa mentalidade.

A **mentalidade classe média** busca algo para desfrutar: ela faz dívidas. Essas pessoas sabem que o tempo vai passando e que as dívidas só vão aumentar, trazendo consigo mais dor de cabeça, mais estresse.

São pessoas que querem viver um status que não pertence a elas. Em certos momentos, demonstram estar bem de vida, mas, quando chega a fatura do cartão, a ilusão acaba e a verdade vem à tona.

O tombo é grande para quem tem essa mentalidade.

Imagine um casal na faixa dos vinte anos. Cada um tem uma renda de dois mil reais. Eles juntam as escovas de dente, começam a morar juntos e querem sair mais para jantar, fazer coisas diferentes. Os dois passam a gastar mais.

De repente, a moça é promovida no trabalho e duplica sua renda. O casal passa a ter uma renda total de seis mil e decide melhorar o padrão de vida.

E é aí que começa o maior erro que poderiam cometer.

Se os dois tivessem consciência, continuariam com o padrão de quatro mil reais.

Esse é um erro que vai custar caro a eles. Subir o padrão será um hábito que vai se instalar na vida do casal e impedir que haja dinheiro sobrando no fim do mês.

Vou contar uma coisa que talvez você não saiba: existem pessoas que não conseguem tirar uma semana de férias, apesar de ganharem – pasme – mais de duzentos mil reais por mês.

Sabe por que elas não conseguem fazer uma pausa?

Porque, se tiram uma semana para descansar, fecham o mês no vermelho.

SE VOCÊ GASTAR MAIS DO QUE GANHA, DE NADA VAI ADIANTAR TER TODO O DINHEIRO DO MUNDO.

Para provar essa teoria, veja só esta estatística: a maior parte das pessoas que ganham em jogos de loteria perde tudo em menos de cinco anos, de acordo com um estudo da Universidade Vanderbilt dos Estados Unidos.

Lembra do casal com renda de quatro mil por mês?

Quanto maior o aumento que cada um deles receber, maior será o tombo que os dois levarão quando chegar uma crise – porque, acredite, ela vai chegar.

Todo mundo, mais cedo ou mais tarde, passa por um problema financeiro. Vamos supor que, na história do nosso casal, a função da moça na empresa passe a ser feita por uma máquina. Do dia para a noite, ela perde o emprego e os dois deixam de contar com a maior renda da casa.

O que era um ganho de seis mil reais se torna um terço disso, e eles continuam com os mesmos gastos, porque subiram o padrão. Não queriam andar de carro popular, queriam morar num ótimo condomínio. Quando não conseguiram manter o padrão, o que aconteceu?

Perceba que, quando vamos falar sobre a mentalidade rica, não falamos sobre o dinheiro do dia ou do mês, e sim sobre o dinheiro do ano, do investimento, da geração de ativos em vez de passivos.

Enquanto a classe média compra casa e carro financiados, que não vão gerar nenhuma renda extra, o rico sabe como fazer mais dinheiro.

NÃO SEJA IMEDIATISTA

É importante falarmos sobre ativos e passivos. Você já ouviu algo a respeito disso?

A casa onde você mora é um passivo, porque, por mais que possa se valorizar, ela só dá despesas enquanto você mora nela. Se você alugasse esse imóvel e ganhasse uma renda mensal com ele, esse bem seria um ativo.

A verdade é que, para ter uma realidade financeira diferente da que você tem hoje, é preciso sair da mentalidade do imediatismo. E o primeiro mandamento é viver um padrão de vida abaixo do que você pode viver.

Eu sei que pode doer, principalmente se você for aquela pessoa preocupada com o que os outros falam.

E eu mesmo já tive uma mentalidade imediatista.

Antes de entrar para o reality show que participei, eu fazia desfiles como modelo e ganhava cerca de oitocentos reais para posar para uma campanha. Ficava o dia todo fotografando e trocando de roupa. Depois do programa, quando fiquei mais conhecido, fotografei uma campanha por duzentos mil reais. Eu, que nunca tinha visto aquele dinheiro todo, estava com o ego do tamanho do mundo e comprei um carro zero para a Adriana, minha esposa, à vista. Estava me achando.

Eu era um jumentão.

Para quem não conhece a história do jumentinho, essa é uma boa metáfora.

O jumentinho entrou com Jesus numa cidade e, ao ver todos aplaudindo e celebrando sua passagem, ficou em êxtase. Voltou para casa acreditando que tudo aquilo era para ele. Quando contou isso para sua mãe, ela disse: "Filho, amanhã volte lá sozinho e veja o que acontece".

O jumentinho fez isso e ninguém o aplaudiu; ele passou despercebido pela cidade. E então entendeu que, sem Jesus, ele não era ninguém.

Quando saí do reality show, fui um jumentão, porque o ego me levou para a pior mentalidade. Eu me preocupava com o que as pessoas falavam.

Depois, quando vendemos nossos carros para comprar um mais barato e viver um padrão de vida mais simples, aquilo doeu.

Baixar o padrão inclui fazer "uma limpa" em tudo, inclusive nos aplicativos de celular que você paga todo mês para usar. Esses valores são debitados da sua conta sem que você perceba.

Simplificar a vida e avaliar o que é necessário e o que é desnecessário é vital para sua sobrevivência a partir de agora.

Não estou dizendo que vai ser agradável, mas é preciso ter discernimento e clareza neste momento, descartando o que realmente não é primeira necessidade.

Só assim você vai entender para onde vai o seu dinheiro.

Para ajudar você a ter clareza sobre qual é o seu padrão de vida, elabore um orçamento. Orçamento pode ser uma coisa chata para alguns, mas é ele que indicará onde você está gastando de mais, onde gasta de menos, quais seus gastos fixos, onde economizar, entre outros. É o momento de "garimpar" dinheiro.

Se inspire na tabela abaixo para fazer suas anotações financeiras. Lembrando: não anote os gastos depois de gastar, anote o que vai gastar antes de gastar!

ENTRADA		SAÍDA		
Salário X	R$ 2.000,00	Quem?	Por quê?	Valor?
Salário Y	R$ 1.500,00	Netflix	Lazer	R$ 55,90
Comissão Z	R$ 700,00	Mobiliária	Aluguel	R$ 2.000,00
		Telefonia	Telefone + Internet	R$ 200,00
		Mercado	Alimentação	R$ 400,00
TOTAL R$ 4.200,00				TOTAL R$ 2.655,90

Mandamento 2: Saiba para onde vai o seu dinheiro

Nesta fase, você vai aplicar uma regrinha de ouro à sua vida, e sua trajetória mudará.

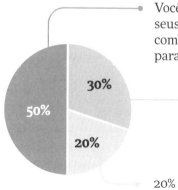

Você vai direcionar 50% dos seus ganhos aos seus custos básicos (que incluem alimentação, combustível e tudo aquilo que é indispensável para que você sobreviva). Tudo deve caber aqui.

30% serão destinados ao que você tem vontade de consumir: uma pizza, um sorvete, uma roupa nova.

20% irão para investimentos.

Aqui a preocupação não deve ser a rentabilidade, e sim a mentalidade de poupar 20% do que ganha e viver com 50% do que ganha.

Eu tenho certeza de que são poucas as pessoas que conseguem viver com 50% de sua renda.

Talvez você esteja se perguntando: "Mas, Rodrigo, se vivendo com 80% do meu salário já entro no modo 'sobrevivência', como eu faço para viver com 50%?".

E aí eu respondo: a primeira fatia da sua renda que você vai eliminar é a de gastos livres.

O ideal é chegar em 50%. Pouca gente consegue viver com 50% do salário, mas essa deve ser a sua meta. E aí, se faltar dinheiro, você vai complementar com os recursos da verba de gastos livres. Dói, porque você deixa de fazer as coisas que os outros estão fazendo. Você olha para aquele amigo com um carrão e se lembra de que trocou o seu por um mais barato.

A realidade é que essa vai ser sua nova estratégia de vida. Não busque status. Se você só puder investir 10%, ainda vai estar no jogo de poupar.

Mas você também pode optar por outra regrinha:

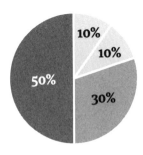

Os 50% seriam para o custo de vida. Quando você vive com metade da sua renda, é como um atleta que ajusta um pouco da velocidade e melhora a performance e o desempenho ao longo do tempo.

Você tem 10% para gastos não essenciais e 10% para investimentos. O restante é livre.

A terceira alternativa é: 50% para custos; os outros 50% são divididos em fatias de 10%:

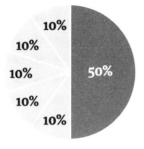

10% imprevistos
10% educação
10% doações
10% diversão
10% investimento

Se conseguir investir 10% do seu patrimônio e da sua renda com regularidade, criando uma reserva de emergência, você vai mudar sua vida ao longo dos anos.

Mandamento 3: Não use o crédito para acalmar seu coração
Este mandamento resume a vida de muitos brasileiros. O crédito que acalma faz você se tornar a pessoa de quem você precisa fugir: o imediatista.

Sabemos que 80% das famílias brasileiras têm dívidas. E, dessas, 35% são inadimplentes.

Dinheiro é algo emocional. Quantas vezes não nos empolgamos com algo e fazemos uma compra por emoção?

Quando eu e Adriana fomos para a Europa pela primeira vez, passamos o dia em Barcelona e tivemos uma ideia: "Vamos amanhã para a Holanda?". A viagem de avião seria de apenas duas horas, então aquela ideia parecia perfeita. Peguei o computador, comecei a reservar as passagens e de repente respirei fundo.

"Adriana, não precisamos fazer isso agora. Podemos aproveitar uns dias aqui em Barcelona, conhecer mais a cidade, curtir tudo aqui e em outra ocasião vamos para a Holanda."

Foi um instante que separou a emoção da razão. Se eu não tivesse pensado, teria feito a compra pelo cartão de crédito, com emoção e vontade, e teríamos viajado no dia seguinte.

A verdade é que vivemos numa sociedade de consumo, e todo mundo precisa do consumo para existir. Você precisa de combustível, de teto, de alimento, internet, conhecimento.

O problema é que não nos ensinaram a consumir.

Se livros como este fossem matéria obrigatória no Ensino Médio, a realidade brasileira seria outra, mas saímos da escola sem saber de nada disso para sermos jogados numa sociedade de consumo, onde somos engolidos. Não aprendemos a consumir.

Ensino para os meus filhos uma coisa que serve para qualquer situação: sempre que você for fazer qualquer tipo de compra, faça a si mesmo estas três perguntas mágicas:

QUERO? A resposta geralmente é "sim". Se olhamos para algo legal e desejável, é natural que a gente queira. Mas não significa que vamos de fato comprar.

POSSO? Uma simples olhada na sua fatura de cartão de crédito responde. Se você pode, passe para a próxima pergunta. Se não pode, não seja imediatista: deixe a compra para outro momento. Aqui eu preciso contar algo sobre a minha família. É comum que meus filhos queiram as coisas. São crianças. Mesmo assim, eu e Adriana fazemos o possível para educá-los – mesmo morando nos Estados Unidos, o país do consumo.

PRECISO? É essa a pergunta que arrebenta todo mundo, porque, na nossa sociedade de consumo, geralmente compramos coisas de que não precisamos.

Na minha casa, eu tenho um armário grande com coisas que comprei quando cheguei aos Estados Unidos. A maioria delas eu não uso. Por quê? Porque comprei coisas de que não precisava. Agimos por impulso e compramos, especialmente pela internet, muitas coisas de que não vamos precisar.

Eu quero que você entenda que essas três perguntas mudam a mentalidade de qualquer pessoa. Se a resposta for "sim" para todas, faça a compra.

Quando falo de fazer dívidas para acalmar seu coração, quero mostrar que muitas vezes você se endivida sem precisar, fazendo compras que não são necessárias.

QUANDO CHEGAR A HORA DE COLHER OS BONS FRUTOS, EU GARANTO QUE VOCÊ NÃO SE ARREPENDERÁ.

O primeiro motivo de endividamento no Brasil é o cartão de crédito. O segundo é o carnê de lojas. E muitas das pessoas que têm dívidas em cartão de crédito também estão com dívidas nos carnês das lojas.

Isso só nos mostra como não sabemos consumir na sociedade em que vivemos.

Falar sobre dinheiro é como ir à academia: no começo, é um pouquinho chato, não vemos nenhum resultado. Mas, conforme começamos a nos conectar com os movimentos certos, vamos nos desenvolvendo e passamos a gostar de ir.

Pensar e falar em dinheiro também é assim: no começo, pode parecer entediante e cansativo, mas o processo é esse. Você passa a questionar as suas decisões imediatistas e a ter mais controle sobre o que gasta. Quando chegar a hora de colher os bons frutos, eu garanto que você não se arrependerá.

Mandamento 4: Acabe com dívidas da sua família

Quando usamos o cartão de crédito, muitas vezes percebemos um padrão familiar do qual não tínhamos nos dado conta.

Meus pais ralaram demais. Embora nunca tenhamos passado necessidade, sempre vi um padrão muito claro em nossa vida: a ânsia de fugir das contas.

Quando falo de dinheiro, eu digo e repito: você precisa organizar as dívidas da sua casa. E como vai fazer isso?

Priorizando. Observando quais são as dívidas e quitando as que têm juros altos correndo.

Crie uma lista das dívidas e detecte aquela que tira mais juros da sua vida.

Mandamento 5: Poupe e crie uma reserva

Você está mudando de mentalidade e já chutou as dívidas para fora da sua vida. Agora é hora de fazer as coisas direito.

Eu aprendi isso numa reunião com os caras que mais entendem de investimentos no Brasil.

Quando fui apresentado a eles, estava sedento para perguntar sobre investimentos, mas de repente ouvi a seguinte pergunta: Como está sua reserva de emergência?

Reserva de emergência? Eu não tinha.

Eu tinha dinheiro investido, mas não me passava pela cabeça ter uma reserva de emergência.

Eles disseram que esse era o ponto-chave. E eu imediatamente fiz uma movimentação e coloquei dinheiro num fundo ao qual eu pudesse ter acesso imediato quando precisasse.

Entenda: as crises mais cedo ou mais tarde aparecem, e você precisa ter uma reserva de emergência.

Mandamento 6: Tenha seguro de vida e plano de saúde

Em 2018, eu estava embarcando para uma viagem de trabalho, e a Linda, minha filha, estava com três meses. Minha esposa me ligou e disse que ia com ela para o hospital, pois a bebê estava com uma febre muito alta.

Corri do aeroporto para o hospital e lá permaneci nos três dias seguintes, enquanto minha filha se recuperava de uma bronquiolite na UTI.

Linda não estava mais como dependente no plano de saúde da Adriana, e com a alta do hospital veio a cobrança: mais de cem mil reais para pagarmos.

Por isso eu digo: tenha plano de saúde.

Eu já fui a pessoa que "conta com a sorte" durante muito tempo. Tive um carro blindado no Brasil cujo seguro custava quase quarenta mil. Por isso, rodei com ele durante um ano e meio sem seguro, mas sabia do risco que estava correndo. Nos Estados Unidos é algo obrigatório: deve-se ter seguro da casa e do carro. No Brasil, não.

Mas, às vezes, pagamos um preço maior por não ter, do que por ter.

A pior experiência da minha vida foi ver minha filha na UTI. Que bom que tínhamos como quitar aquela dívida com o hospital, mas muitas famílias não têm.

Mandamento 7: Avalie seus hábitos e crie uma rotina

No livro *O poder do hábito*, de Charles Duhigg, li a história surpreendente de um homem que não tinha memória de curto prazo e fazia todos os dias as mesmas coisas. Ele conseguia ir ao mercado, fazer compras, voltar para casa, entre outras atividades. O estudo que foi feito com o homem era impressionante, porque mostra que, pela criação de um hábito, de uma rotina, ele se mantinha vivo, apesar de sua condição.

Entenda que um hábito gera uma rotina, que por sua vez gera um resultado. Por esse motivo é importante incorporar hábitos em sua vida financeira, fazendo isso de maneira que cada um gere algo que deixe você feliz. Se não existir esse gatilho do resultado, a rotina deixa de existir.

Quando você cai na rotina de olhar as redes sociais, isso gera um estímulo de recompensa e você não sai mais dali.

Quando entendemos essa situação, fica clara a necessidade de criarmos um hábito que mova nossa vida financeira.

Eu, por exemplo, hoje, quando acordo, saio para correr e depois me sento numa cadeira e vou ler. É nesse instante que pego os maiores problemas financeiros que estou atravessando – e os resolvo.

Esse ato me traz um empoderamento incrível para o resto do dia.

O hábito de resolver problemas financeiros cria uma rotina de empoderamento.

Por isso, crie uma rotina.

Mandamento 8: Monte uma estratégia de investimentos

Onde você está hoje?

Quais são seus objetivos?

Aonde você quer chegar?

Essas respostas vão guiar seus próximos investimentos. E as estratégias vão ser completamente individuais.

Mas existem erros universais que você não pode cometer. E o principal deles é o imediatismo.

Crie uma rotina poderosa; pense nas suas estratégias de investimentos. Tenha clareza sobre o lugar aonde quer chegar.

Mandamento 9: Nunca pare de aprender

Certa vez, fui convidado para o aniversário do Flávio Augusto, um grande empresário, referência no Brasil. Quando me vi sentado à mesa com as pessoas que o cercavam, percebi que todos estavam sedentos por aprender uns com os outros.

Fiquei perplexo por entender que mesmo as pessoas muito bem-sucedidas sempre estão em busca de novos negócios, querendo ouvir opiniões diferentes.

E entendi que esse é o segredo: nunca parar de aprender.

Conhecimento traz resultado. Muitas vezes começamos a ganhar dinheiro e ficamos parados, impressionados com o que estamos fazendo, e não baixamos a bola nem nos relacionamos com pessoas diferentes de nós. Mas as pessoas diferentes nos ajudam a aprender.

Sempre podemos aprender algo com alguém.

Por isso, se esforce, vire o jogo, converse com pessoas que têm boa mentalidade. Ocupe-se com o seu crescimento.

Mandamento 10: Faça seu mapa de ação

Agora é hora de trabalhar e criar o seu mapa de ação. Nele você vai apontar duas coisas: o que quer e em quanto tempo quer.

Detalhe exatamente o que deseja e como vai alcançar isso.

Se é um carro, de que maneira você vai ter uma renda extra para conseguir o carro?

Crie estratégias para sair do ponto A para o ponto B. Avalie seu crescimento pessoal e financeiro a cada três meses com a roda financeira. Assim vai ser natural evoluir.

MAPA DE AÇÃO

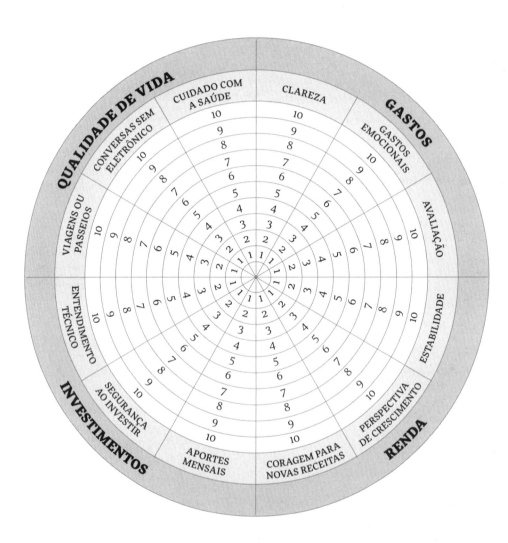

TENHA CLAREZA SOBRE O LUGAR AONDE QUER CHEGAR.

APRENDIZADO

A missão deste livro é ajudar você a sair do deserto financeiro por meio de uma mudança de mentalidade. Se estiver atento, o aprendizado vai te salvar por meio de ferramentas para você trilhar seu caminho rumo à prosperidade.

Todo mundo quer crescer, conquistar as coisas. Quem diz que está bom do jeito que está, que não gostaria de ter uma condição melhor, está mentindo. É claro que sempre queremos ter mais recursos para consumir melhor neste sistema capitalista. Para proporcionarmos algo melhor para nossa família.

Mas aprendemos muito pouco na escola e ao longo da vida, e ficamos reféns do que nos dizem que é melhor fazer.

Saímos da escola, vamos para o mercado de trabalho ainda imaturos e passamos aperto ao longo da vida toda.

Por isso, antes de falar com você sobre investimentos e outras coisas do jeito que eu gostaria de ter aprendido, vou fazer um apanhado geral de como a nossa sociedade chegou até aqui.

Um pouco de história

A história tem um impacto gigantesco na sua vida, e afeta você, mesmo que não perceba. O primeiro contexto em que você está inserido e que eu quero que entenda é a sociedade de consumo.

Antes, a negociação entre as pessoas acontecia mais por necessidade e menos por desejo.

Com o passar dos anos, conforme a produção de bens aumentou, todo mundo começou a entender o que era desejo de consumo. E quem era dono dos meios de produção sacou esse mecanismo e passou a fazer o quê? A gerar desejo nas pessoas.

Foi quando passou-se a consumir não apenas por necessidade, mas por desejo.

Só que, atualmente, o consumo que é resultado do desejo é maior que o consumo que resulta de necessidade, pois vivemos numa sociedade de consumo, e é fácil perceber isso no dia a dia.

E como foi que surgiu o capitalismo?

Com vocês, senhoras e senhores: o capitalismo

Para entender o momento que estamos vivendo, precisamos entender o passado.

O capitalismo surgiu depois que o feudalismo – sistema em que os nobres obtinham títulos e terras por meio de doação do rei – teve seu declínio. No sistema capitalista, os reis são o lucro e o acúmulo de capital: é o indivíduo quem conquista seus próprios bens.

A produção industrial evoluiu, e ficou concentrada nos países em desenvolvimento, nos quais os custos trabalhistas são menores que nos países ricos. O capital é direcionado para os lugares em que os custos são menores e os retornos são maiores. E, em troca, são gerados produtos cada vez melhores a preços cada vez menores.

O maior acesso a produtos melhores e a preços menores é exatamente o que tira as pessoas da condição de pobreza extrema.

"Salarium", termo latino do qual a palavra salário deriva, significa "pagamento com sal". Os soldados romanos eram pagos, pelos serviços prestados, com sal, que, na época, era caro e difícil de ser obtido, por isso servia tanto como moeda quanto mercadoria.

Hoje em dia, salário é a grana que um trabalhador recebe pelo trabalho que realiza.

Ou seja: o seu valor para a empresa em que trabalha está relacionado com o que você recebe. Quando as pessoas se dão conta disso, é comum buscarem participação no percentual de empresas que estão começando, em vez de se contentarem com um salário fixo.

Mas é claro que, na maioria das vezes, o salário nos faz ficar acomodados por dar uma falsa sensação de segurança.

E será que sabemos mesmo quanto custa uma hora nossa de trabalho?

Quanto vale a sua hora?

Para calcular o valor da sua hora de trabalho, você deve analisar sua renda e fazer uma divisão para chegar ao valor da sua hora. Se você demora mais de uma hora para ir e voltar de ônibus, coloque esse tempo nas horas computadas.

Com o valor da sua hora em mãos, você terá a certeza de que o tempo é seu maior ativo. E a pergunta que eu te faço agora é: Qual é o verdadeiro valor da sua vida, do seu tempo?

A sua remuneração sempre será compatível com o valor que você gera para o negócio. E agora, com a exata noção de quanto custa uma hora sua de trabalho, entenda como o seu tempo está sendo remunerado.

O que é um banco?

De acordo com a definição do Banco Central do Brasil, "banco é a instituição financeira especializada em intermediar o dinheiro entre poupadores e aqueles que precisam de empréstimos, além de custodiar (guardar) esse dinheiro".[*]

Um banco oferece serviços financeiros a seus clientes (empréstimos, investimentos, saques etc). Os bancos públicos são controlados pelo governo federal (como o Banco do Brasil) ou por municípios e estados (por exemplo, o Banco da Amazônia).

---

[*] "O que é banco (instituição financeira)." *Banco Central do Brasil*. Disponível em: https://aprendervalor.bcb.gov.br/estabilidadefinanceira/bancoscaixaseconomicas.

QUAL É O VERDADEIRO VALOR DA SUA VIDA, DO SEU TEMPO?

Os bancos privados, por sua vez, são controlados por instituições privadas.

Os bancos digitais disponibilizam a seus correntistas serviços e produtos que tanto os bancos públicos quanto os bancos privados oferecem, mas não têm agências físicas. Tudo, desde a abertura de conta até movimentações e atendimento ao cliente, é feito de forma virtual, pelo aplicativo e/ou pelo site.

A pergunta que eu quero que você responda agora é simples: O que o banco faz com o seu dinheiro?

EMPRESTA! Para outras instituições, para pessoas jurídicas e pessoas físicas. Bancos são tomadores; eles emprestam dinheiro e pegam emprestado.

Antes de continuarmos, preciso falar de coisas das quais muita gente não sabe, como, por exemplo, como funciona uma bolsa de valores.

A bolsa de valores

Muitas pessoas têm medo da bolsa. Quando comecei a gravar conteúdo sobre isso, tinha quem achasse que era algo ilegal, mas essas pessoas não podiam estar mais erradas.

A bolsa de valores é, basicamente, o "ambiente" em que acontecem compra e venda de ações.

Tudo é regulado pela Comissão de Valores Mobiliários (CVM), que fiscaliza esse mercado.

Só que os investidores não podem negociar ações diretamente no pregão. Eles precisam de intermediários, as chamadas corretoras de valores, que realizam a compra e a venda de ativos para investidores.

Quem se interessa pelo mercado de capitais? As empresas, pois utilizam a bolsa de valores como um ambiente para acessar os investidores que podem ficar interessados em suas ações.

Funciona mais ou menos assim: ao emitir ações na bolsa, as empresas levantam recursos para financiar investimentos. Mas não é qualquer empresa que pode abrir capital na bolsa.

No mercado de ações, pessoas como eu ou você costumam ser chamadas de "investidores individuais" ou "investidores pessoas físicas", que compram ações para participar dos resultados das companhias emissoras.

Por isso, todos nós somos importantes para a bolsa brasileira, mas os maiores investidores, com bilhões investidos na bolsa, têm algo em comum: cabelos brancos e paciência. Souberam esperar e não seguiram nenhuma dica quente.

Isso prova que a riqueza é gerada com o tempo, nada vem do dia para a noite.

O que eu quero ensinar a você é que é possível prosperar, e uma frase que você precisa registrar na sua mente é: NÃO É O FUTURO QUE PUXA A GENTE. É O PASSADO QUE EMPURRA.

Quando você planta boas coisas, no longo prazo, a colheita é certa.

O problema é que, nas redes sociais, existe a ilusão de que tudo é fácil e maravilhoso para algumas pessoas.

Os impostos que pagamos

O capitalismo nos dá acesso a quase tudo, mas outra palavrinha que é bom você entender melhor é esta aqui: imposto.

O imposto não é algo "novo". Antes de Cristo isso já existia. E, só para você ter uma ideia, no Brasil, 149 dias do seu trabalho são para pagar impostos.[*]

O problema não é pagar imposto; a questão é não termos boas escolas públicas, um sistema de saúde eficiente e não sabermos para onde vai o dinheiro do imposto que pagamos.

Como a maior parte dos tributos já está embutida em produtos e serviços, quem ganha menos acaba pagando mais.

---

[*] "Brasileiro trabalha até 29 de maio só para pagar tributos." *Folha de S. Paulo*, 25 maio 2022. Disponível em: https://www1.folha.uol.com.br/mercado/2022/05/brasi-leiro-trabalha-ate-29-de-maio-so-para-pagar-tributos.shtml.

Por exemplo: Um homem recebe cerca de mil reais por mês, e uma mulher recebe 10 mil; ambos saem de casa para comprar itens básicos de alimentação.

Vamos supor que eles vão ao mesmo supermercado e compram a mesma quantidade desses produtos, e a somatória dá 60 reais. Desse total, 25 reais são tributos e 35 o preço de custo e o lucro do lojista.

Assim, ele acaba pagando 2,5% do seu salário em tributos, enquanto ela vai pagar apenas 0,25%.

Há, ainda, o imposto de renda, pago sobre o salário recebido.

Enquanto escrevo este livro, em 2023, quem recebe até 1.903,98 reais está isento do imposto. Acima desse valor, são cobrados atualmente os seguintes percentuais de IR: de R$ 1.903,99 até R$ 2.826,65 reais, paga-se 7,5%. De R$ 2.826,66 até R$ 3.751,05, paga-se 15%. De R$ 3.751,06 até R$ 4.664,68, paga-se 22,5%. Acima de R$ 4.664,68, paga-se 27,5%.

Tudo bem pagar imposto, mas todo mundo quer retorno. Queremos segurança, educação de qualidade, um sistema de saúde bom.

Por exemplo, muitos alunos estudam inglês na escola, mas apenas o básico. Ou seja, apesar de pagarmos muito imposto, a educação pública não é de qualidade. Além disso, os professores não ganham o suficiente para fazerem cursos ou aprimorarem aquilo que sabem.

É importante você entender tudo isso porque, se não cuidar bem do seu dinheiro, o passado vai te empurrar para um lugar não muito bom.

E o futuro não vai te puxar.

O que te puxa e pode te engolir: a taxa de juros

Para começo de conversa, o que é taxa de juros?

Juro é a porcentagem que se acrescenta ao total de uma compra a prazo ou de um empréstimo e que deve ser paga pelo devedor. É por isso que o juro sempre estará associado ao valor e ao tempo.

De acordo com a revista *InfoMoney*, "os bancos e outras instituições financeiras fazem o 'meio de campo entre quem tem o dinheiro (poupador ou investidor) e quem precisa daquele dinheiro (tomador ou devedor)'".

Nessa troca surgem os juros.

Deu pra entender?

Muitas pessoas também perguntam se taxa de juros e taxa Selic são a mesma coisa.

No Brasil, a taxa de juros mais conhecida é a Selic. É como se fosse a taxa básica de juros da economia brasileira e influencia todas as outras taxas.

De acordo com o portal *InfoMoney*, "[...] o valor da Selic aponta o que o governo paga de juros para as instituições financeiras que compram títulos públicos do Tesouro Nacional. Mas a Selic, na verdade, é o principal instrumento de política monetária utilizado pelo Banco Central para controlar a inflação do país. Quando o Banco Central quer reduzir a inflação, ele aumenta a taxa Selic porque assim aumenta o 'custo' do dinheiro. Com isso, fica mais caro pegar empréstimos, fazer financiamentos e consumir".[*]

Com a diminuição do consumo, a inflação também diminui. E com o sobe e desce da taxa Selic, o investidor – seja ele quem for –, por meio de outros indicadores, precisa entender qual é a relação da taxa básica de juros do país.

Parece difícil, mas não é, e é fundamental entender esses conceitos porque é assim que, mês após mês, você vai poder saber onde aplicar o seu dinheiro.

Outra informação importante é o fato de que todo dia as instituições financeiras emprestam dinheiro entre si para não fecharem o caixa no negativo. É quando entra em cena o Certificado de Depósito Interbancário, o CDI, a taxa de juros cobrada por um banco para emprestar dinheiro para outro.

---

[*] "Taxa de juros: o que é e como impacta nos seus investimentos?" *InfoMoney*, 6 nov. 2022. Disponível em: https://www.infomoney.com.br/guias/taxa-de-juros/.

O monstro da inflação

Agora vou falar de algo de que a gente sempre ouve no noticiário, mas que poucos sabem como interfere na nossa vida: a inflação.

A inflação é aquele aumento que vemos nos bens e serviços. E você sente no bolso quando vai ao mercado.

A inflação evidencia o aumento no custo de vida e a consequente redução no poder de compra da população. Quem vai ao supermercado e depara com os preços sente isso no bolso imediatamente. Quem paga aluguel ou financia um carro também sente.

Quando a inflação fica alta, todo mundo percebe.

As causas da inflação podem ser muitas. Mas o aumento da demanda é o mais comum. Quando tem pouca quantidade de um produto que todo mundo quer consumir, o preço aumenta. Outra causa comum é o excesso de dinheiro circulando, porque quanto mais dinheiro as pessoas têm, mais vão consumir; logo, há escassez de produtos e aumento de preço. Simples assim.

Uma relação de amor e ódio: o cartão de crédito

Já que falamos de inflação, vamos também falar sobre esse outro bicho de sete cabeças que atormenta muita gente.

O nome dele é cartão de crédito. Aquele plástico que parece nos deixar com superpoderes e que usamos para pagar as coisas quando não temos dinheiro na conta.

Acontece que o cartão é uma espécie de empréstimo que o banco nos concede. E aí mora o perigo, já que muitas pessoas não conseguem pagar o valor total da fatura no final do mês e acabam pagando o valor mínimo. Os juros, porém, são altos demais e, depois de trinta dias, o valor da fatura pode quase dobrar dependendo de quanto você gastou.

Parcelar fatura de cartão de crédito é algo que muita gente faz e que pode deixar você enrolado até o pescoço.

Por isso, escute o que eu sempre digo: é preciso parar de fazer dívidas e viver uma vida à vista.

O que é investimento?

De uma forma bem didática: "Investimento é todo gasto ou aplicação de recursos feito com o intuito de obter retornos futuros, usando conhecimentos de mercado e análises estratégicas para isso".*

Quem investe "empresta" o dinheiro para as empresas.

Por isso é preciso observar de perto a solidez da empresa na qual se está investindo. Qual o tipo de aplicação? E quais as regras do setor?

Se você quer saber a diferença entre investimento e poupança, é simples.

A maior parte dos brasileiros aplica seu dinheiro na poupança, principalmente quando a inflação fica alta demais, mas precisamos ter em mente que o cenário mudou e que, na prática, "investir" e "poupar" são termos com significados bem diferentes.

A poupança serve para guardar recursos

A poupança é diferente de um investimento feito para a remuneração em médio e longo prazo.

Se a Selic estiver acima de 8,5% ao ano, o rendimento da poupança será de 0,5% ao mês mais a variação da Taxa de Referência (TR); se a Selic estiver igual a ou abaixo de 8,5% ao ano, o rendimento da poupança será equivalente a 70% da Selic mais a variação da TR.

O Tesouro Direto

Tesouro Direto é um título público que oferece retorno com um prazo determinado.

É seguro? Sim, principalmente para quem tem um perfil mais conservador.

---

* "Investimentos: o que é e por que investir?" *Blog do modalmais*, 22 jun. 2022. Disponível em: https://www.modalmais.com.br/blog/investimento-o-que-e/#:~:text=%-C3%A9%20um%20investimento.-,Na%20pr%C3%A1tica%2C%20trata%2Dse%20de%20 qualquer%20gasto%20ou%20aplica%C3%A7%C3%A3o%20de,ou%20sem%20um%20 preparo%20adequado.

PARE DE FAZER DÍVIDAS.
VIVA À VISTA.

CDI

O Certificado de Depósito Interbancário, CDI, é o nome dos empréstimos que os bancos fazem entre si para fechar o caixa do dia no positivo. Portanto, a taxa do CDI está ligada aos juros dessas operações entre instituições financeiras.

Ele reflete o quanto os bancos estão negociando entre eles.

CDB

Já o Certificado de Depósito Bancário, conhecido pela sigla CDB, é uma aplicação bastante popular de renda fixa, pendendo apenas para o já citado Tesouro Direto. O seu funcionamento é mais ou menos o mesmo, mas com a diferença de que, em vez de emprestar para o Governo Federal, o recurso é usado por grandes instituições bancárias. Mesmo assim, a segurança também é bem alta, pois os bancos são organizações muito sólidas, e você pode escolher o tipo de CDB em que deseja aplicar.

Eu tenho uma conta de uma empresa no Brasil que uso esporadicamente, e há um tempo minha gerente me ligou. Eu tinha mais de 1 milhão de reais na conta – parado –, e era um dinheiro que estava guardado e eu não tinha feito nenhum tipo de transação.

Ela perguntou: "Por que você não coloca no CDB?".

Eu dei risada: "Se eu soubesse que esse dinheiro estava aí, ele nem estaria no banco!".

A verdade é que eu negligenciei o valor na minha conta corrente e minha gerente teve que chamar minha atenção. Deixei de ganhar uma boa grana com a Taxa Selic de hoje. Agora, eu faço uma pergunta: você entende o impacto da negligência na sua vida financeira?

LCI E LCA

Agora precisamos falar da LCI e da LCA, investimentos livres de taxas e tributos.

Não por acaso, esses títulos estão cada vez mais no radar dos investidores. Nos últimos anos, as letras de crédito têm ficado ainda mais acessíveis. Então, o que antes era um desejo agora é realidade.

As letras de crédito são títulos emitidos por uma instituição financeira com o objetivo principal de financiar determinados setores.

Na prática, isso quer dizer que elas funcionam mais ou menos como títulos públicos, mas são dívidas privadas, que pagam a sua rentabilidade por uma taxa de juros.

A LCA é a Letra de Crédito do Agronegócio, um título de renda fixa emitido pelos bancos. A diferença dela em relação à LCI é o foco de investimento. Nesse caso, a captação é direcionada para financiar as atividades do setor do agronegócio. Assim como para a LCI, a taxa de rentabilidade e a data de vencimento são definidas no momento da compra.

A LCI e a LCA costumam ter taxas de rentabilidade ligeiramente superiores às do CDI, e são classificadas como investimentos de baixo risco, não devendo nada à caderneta de poupança.

Tesouro IPCA+

O Índice de Preços ao Consumidor, o IPCA, é extremamente seguro se você estiver disposto a resgatar o dinheiro no momento certo. O Tesouro IPCA+ se diferencia de todos os outros títulos do Tesouro Direto porque é vinculado à inflação, e isso protege o seu capital com o passar dos anos e de eventuais crises.

O que poucas pessoas vão falar para você é que esse título pode oscilar. E isso é muito bom, pois, quando existe oscilação, significa que a cotação está acima do que você pagou, trazendo um lucro. Aí, é esperar o ativo valorizar e ter mais lucro sem risco de perda.

Fundos imobiliários

O mercado imobiliário brasileiro é muito valorizado, e isso não é novidade por aqui. Muitas pessoas não têm dinheiro para comprar uma casa, um apartamento ou mesmo um terreno, mas isso não significa que não possam investir no segmento, pois os famosos fundos imobiliários nos permitem entrar nesse universo por um valor muito menor que o de uma propriedade.

Essa aplicação financeira de renda variável reúne os recursos aportados por vários investidores para capitalizar empreendimentos, como shoppings, condomínios, galpões comerciais e assim por diante.

Geralmente o retorno chega por meio do pagamento de aluguéis mensais. Além disso, o produto é isento de imposto de renda, o que é muito bom.

Ações

Quando conversamos sobre o mercado financeiro, as ações costumam vir à mente, porque são um ativo extremamente popular e que influencia o setor como um todo. Na prática, elas representam a menor parte de uma empresa de capital aberto. Quando investe nelas, você vira uma espécie de sócio da organização, tanto nos lucros quanto nos prejuízos. Da mesma forma que o investidor compartilha os riscos da companhia, ele pode obter ótimos rendimentos com eventuais ganhos alcançados com um bom desempenho.

Por isso, para negociar esse tipo de papel, é muito importante conhecer os riscos que eles apresentam, tendo bastante conhecimento de causa ou apostando em instituições muito sólidas. Quando essas organizações abrem capital, ou seja, quando elas começam a negociar ações na bolsa, fazem isso como uma estratégia para financiar o seu crescimento. Já os investidores compram as ações esperando que a empresa seja lucrativa, o que pode se converter em dividendos muito bons e em valorização dos papéis. O que estou querendo dizer é que o desempenho de uma ação está ligado ao desempenho da companhia que a emitiu. Não dá para analisar uma ação sem analisar uma empresa.

Mercado tem a ver com confiança e medo.

Em qualquer área da sua vida, é importante ter um plano. Quando falo de perfil de investidor, é isso que eu quero dizer. Você precisa tomar as decisões certas para melhorar sua vida financeira.

NA VIDA, É NORMAL CAMINHAR
COM NEBLINA,
MAS PRECISAMOS ANDAR.
VOCÊ NÃO VAI ENXERGAR
VÁRIOS QUILÔMETROS À FRENTE,
MAS CAMINHE TRINTA METROS.

PRODUTIVIDADE

Conheço várias pessoas que acreditam que são produtivas, mas estão apenas ocupadas na maior parte do tempo. É sobre isso que vou falar agora: produtividade não significa se manter ocupado.

Eu sei que você se mantém ocupado e isso gera uma falsa sensação de produtividade.

Pode ter certeza de que quem tem mais dinheiro e é bem-sucedido sabe o que fazer com seu tempo. Eu tenho um amigo bilionário que sempre diz: se eu converso com alguém e vejo que esse alguém não tem agenda, vejo que essa pessoa não atingiu o ápice da produtividade.

E por que ele diz isso?

Quero que você entenda que nem sempre será possível manter uma vida equilibrada. E tudo bem. Existem épocas de desequilíbrio que trarão uma fase de equilíbrio posterior, e esse momento pode custar anos de muito trabalho, porque existem períodos em que nos mantemos ocupados e superprodutivos. Porém é comum estarmos trabalhando de forma errada e querendo grandes resultados.

Você só está na rota errada.

Então, vamos para a primeira lição deste capítulo.

O VALOR ESTÁ NA AGENDA VAZIA, NÃO NA AGENDA CHEIA.

Ser produtivo não é se manter ocupado

Falamos sobre aprendizado no capítulo anterior, e a partir de agora quero ajudar você a ser mais curioso. A intensidade e a intenção da sua curiosidade promovem diferença no seu resultado. Há algo que estudei para compartilhar com você neste livro: eu aprendi isso na Bíblia e fez todo sentido dentro do meu método.

Quando falamos do MAPA, temos MANDAMENTOS, APRENDIZADO, PRODUTIVIDADE e, por fim, ATITUDE.

São como degraus que vamos subindo.

Ao mesmo tempo, quando falamos da Bíblia, temos alguns degraus que subimos: a Páscoa, os Pães Ázimos, as Primícias e o Pentecostes.

A Páscoa, como a maioria de nós conhece, significa "imersão".

Vamos supor que eu tenha acabado de me inserir no contexto religioso. Estou aprendendo, isso está mudando minha vida. É uma imersão.

O M do MAPA é a Páscoa, justamente o primeiro degrau das regras para uma mudança de vida.

O segundo degrau são os Pães Ázimos, a desconstrução.

Se eu sou novo na fé, preciso me desconstruir. E é no aprendizado que desconstruímos o que já aprendemos para assimilar coisas novas.

Então, você vai aumentando a maturidade. O tempo passa e você entra nas Primícias. E isso começa a trazer resultado para a sua vida.

Quando chegamos ao Pentecostes, é o momento de transbordar, a multiplicação de tudo que aprendemos.

Digo isso para que você entenda quão cuidadoso é o contexto do MAPA.

Ele é estudado para que você saiba do que exatamente precisa como resultado profissional e pessoal. E você tem que entender – durante essa jornada – o que realmente importa na sua vida.

Se você está achando que seu foco deve estar 100% no trabalho, pode estar enganado. Eu prefiro que você foque em cuidar da sua família – que é quem vai sustentar a sua força em qualquer trabalho que você precise executar – em vez de se tornar um robô que só trabalha.

Por isso, vou dividir o próximo tema em três partes:

1) Parar de procrastinar.

2) Não fazer o que não traz retorno.

3) Antecipar-se.

Pare de procrastinar

Na primeira parte, vamos vencer a procrastinação, um nome "gourmet" para "preguiça".

A procrastinação não acaba. O que você precisa fazer diariamente é lutar contra a improdutividade.

Me responda agora: um cara que trabalha duas horas por dia e passa o resto de suas horas no sofá, mas tem resultado, é um procrastinador ou é uma pessoa produtiva?

Se ele tem resultado, é uma pessoa produtiva.

Eu lembro que tinha um amigo que era baterista da minha banda de rock quando éramos adolescentes. Sempre que eu ia à casa dele, sua mãe estava sentada no sofá reclamando. Aquilo me incomodava profundamente.

Eu via que ela não fazia nada para mudar de vida, mas sempre reclamava das mesmas coisas.

Isso é procrastinar, é ser improdutivo.

A primeira atitude que precisamos tomar para transformar a nossa vida é descobrir o que é realmente importante para nós.

Então, antes de mais nada, descubra o que é importante para você.

Faça uma lista, por ordem de prioridade, de cinco coisas importantes para você.

_____

_____

_____

_____

_____

Agora liste as pessoas que são mais importantes para você, em ordem prioritária.

E por que você fez isso? Para descobrir o que faz sentido na sua vida e parar de agir sem rumo, repetindo ações sem significado.

Para que você tenha essa clareza a respeito do que faz sentido; para que observe se as pessoas e as coisas listadas são relevantes. Se não forem, não fazem sentido.

A partir do momento que você descobre quem é, o que é importante para você, tudo que o faz feliz, sua vida muda. E quero que a partir de hoje você comece a anotar tudo que fizer sentido para você. Se estiver de acordo com sua prioridade, anote. Se não fizer sentido, esqueça.

Isso faz parte da gestão do seu tempo, e gestão de tempo tem a ver com produtividade.

Tire da sua vida o que não traz retorno

Muitas pessoas não sabem usar redes sociais, WhatsApp, e-mails. E usar de maneira errada traz improdutividade, tira o foco do que precisa ser feito e faz o indivíduo passar muito tempo dominado pela vida dos outros.

Se estamos falando sobre produzir, temos que entender que é preciso produzir o que realmente importa. E dar atenção para as pessoas que merecem a sua atenção.

Não sei se você conhece o psicanalista clínico canadense Jordan Peterson, que escreveu um livro chamado *Além da ordem*. Ele diz o seguinte: "Pare de jogar pérolas aos porcos. Se a pessoa não está ouvindo, você está perdendo tempo com a pessoa errada".

Muitas vezes tentamos mudar as pessoas ao nosso redor, mas ninguém nos escuta.

APRENDA A DIZER "NÃO" A TUDO QUE ESTIVER EM EM DESACORDO COM O QUE VOCÊ QUER PARA A SUA VIDA.

O que quero dizer é que, se não estão escutando você, deixe para lá.

Quando entendemos o que precisamos parar de fazer e o que não nos traz retorno, isso faz sentido no ambiente em que estamos.

E, se estamos falando de tempo, é hora de parar de fazer tarefas que roubam nosso tempo.

Eu, por exemplo, moro numa cidade na qual as compras são entregues no mesmo dia em que foram pedidas. Então, faço compras pelo aplicativo: deixei de perder uma hora e meia do meu tempo entre andar pelo mercado e fazer o percurso de ida e volta.

Se essa é uma tarefa que eu posso delegar, ganho tempo.

Entendendo isso, passamos a delegar tudo aquilo que nos consome tempo e energia.

Quando listamos as tarefas que roubam tempo, conseguimos eliminar algumas – e trocar outras –, para que alguém as faça por nós.

Não se iluda quando fizer a lista, porque em alguns momentos vai existir certo desequilíbrio. Não dá para ter uma vida 100% equilibrada ou estável.

Nesse bolo de equilíbrio, é preciso trabalhar as suas metas de curto, médio e longo prazo – coisa que só fazemos no Ano-Novo, mas deveríamos fazer todos os meses.

Existem as metas básicas, aquelas para o nosso dia a dia. Podem ser coisas simples, como, por exemplo, não usar o celular após as sete da noite, coisa que eu e minha esposa estamos fazendo. Dessa forma, você começa a buscar o equilíbrio introduzindo determinadas metas à rotina. Perceba de uma vez por todas quais atividades sugam seus momentos e quais realmente importam para o seu cotidiano.

E não se culpe: existe equilíbrio depois de muito desequilíbrio.

Ter uma vida equilibrada em todos os aspectos leva tempo, não é simples e nem sempre conseguimos isso logo de cara. O equilíbrio vem quando você tem tempo de qualidade com as pessoas que ama. E às vezes é preciso enfrentar um período de desequilíbrio para que se atinja o equilíbrio futuro.

Aconteça o que acontecer, é bom que você saiba que estabilidade plena não existe.

Até mesmo um funcionário público pode ver uma lei mudar a qualquer momento.

Eu, por exemplo, moro nos Estados Unidos, com a renda em dólar. Se de repente o dólar explodir e tudo mudar do dia para a noite, posso ficar completamente rendido.

Por isso é preciso sempre estar preparado.

E, para estar preparado, você deve gerir seu tempo.

Aprenda a tomar conta do seu tempo

Você provavelmente já deve ter ouvido falar disso, mas vou frisar, porque é a primeira coisa a ser feita:

Divida a sua vida em:

- atividades importantes;
- atividades urgentes;
- atividades circunstanciais.

Aprendi isso com Christian Barbosa, autor do livro *A tríade do tempo*.[*]

As ATIVIDADES IMPORTANTES são as que têm o foco em você e no que você quer.

Lembra-se daquela lista mágica? Pois bem: pense que você precisa priorizar essa esfera, criando uma relação com o que importa e é prioridade na sua vida.

É muito comum deixarmos de lado o que é importante.

E então vem a segunda esfera, que é a das TAREFAS URGENTES.

A tarefa importante traz alguma relevância ao seu dia a dia. A urgente tem a ver com apagar incêndios.

Sabe quando pinta uma coisa e você tem que resolvê-la imediatamente? Pois é. Se essa atividade surgiu, ela foi consequência de um erro. Se ela se tornou urgente, foi porque não foi realizada no prazo certo.

Mas a maioria das pessoas foca a urgência, e a urgência gera estresse e desespero. É só você reparar: Quem toma decisões melhores? Uma pessoa tranquila ou alguém superestressado?

---

[*] BARBOSA, Christian. *A tríade do tempo*. São Paulo: Buzz Editora, 2018.

O tempo todo tomamos microdecisões em nosso cotidiano. Encare as atividades urgentes como algo que já deu errado e que precisa ser resolvido. Elas só vão estressar você e não trarão qualquer resultado.

Já as ATIVIDADES CIRCUNSTANCIAIS são as do Homer Simpson. Sabe quando alguém dizia: "Homer, vamos fazer isso?", e ele simplesmente diz, sem questionar: "Vamos."?

Acontece que, se entramos no jogo do Homer, o do circunstancial, de fazer sempre o que os outros querem ou sugerem que façamos, estamos fadados a uma vida improdutiva.

O Homer é influenciável. Muitos de nós também nos deixamos levar; quando menos percebemos, estamos atarefados e fazendo aquilo que nos gera estresse.

Por incrível que pareça, as pessoas fazem menos do que precisam fazer – não estão focadas no que traz resultado – e passam o tempo todo apagando incêndios, cuidando só do que é urgente.

Assim, é natural que a produtividade não aconteça.

O IMPORTANTE tem que ser a maior esfera da atividades do seu dia a dia. E a gestão do seu tempo relacionada à produtividade precisa ser muito bem-cuidada, porque o dia passa e tomamos centenas de microdecisões. Elas é que vão determinar como vivemos o dia, e um dia importante pode impactar o nosso futuro e o dos nossos filhos.

Devemos estar focados na esfera do que é importante, para não nos acostumarmos a viver no senso de urgência.

O que você precisa entender é que existe um passo a passo para encontrar o seu equilíbrio.

Descarregar

O que é descarregar?

É tirar da sua mente todas as atividades que você tem que fazer nas próximas 24 horas. Simplesmente descarregar num papel.

Isso vai trazer clareza para que você possa entender a dimensão das tarefas.

Só que, se você fizer anotações sem ordem de prioridade, não vai adiantar muita coisa.

Eu, por exemplo, dormia com a cabeça assim, sempre pensando no que precisava ser feito. Ficava tão perdido e com tantas tarefas a fazer que não as separava por ordem de prioridade e me via sempre preocupado.

Planejar

Por que planejar?

Quanto mais você planejar, menos urgência vai ter. Quem planeja entra no importante e tem menos assuntos urgentes com os quais lidar.

Na época da escola eu sabia que teria prova de Química com uma semana de antecedência, mas estudava na véspera.

E, quando tinha trabalho para fazer, você acha que duas semanas antes ele estava pronto? Não. Às vezes, na manhã do dia da entrega eu pedia para alguém me ajudar a fazer, ou então simplesmente implorava para alguém colocar o meu nome no seu trabalho.

Isso é lidar com a urgência. Não é planejamento.

Tudo na escola, para mim, era urgente. Nunca fui reprovado, mas sempre precisava alcançar uma nota x simplesmente porque não planejava minhas atividades.

Quando a gente planeja, sai do senso de urgência e passa a viver prioridades na nossa vida. É quando o jogo muda.

Antecipar

Vamos falar agora do último fator importante para melhorar a sua produtividade. Você já escutou a expressão "Quem antecipa governa"?

Quando você antecipa as coisas, evita possíveis imprevistos. Se está planejado e antecipado, está tranquilo.

O que é importante para você? Quem é importante para você? É preciso colocar pessoas e coisas em ordem de prioridade, saber o que e quem está priorizando neste momento da sua vida. Suas finanças? Seu relacionamento?

Você vai melhorar sua vida financeira conforme for antecipando as coisas.

Hora de equilibrar

Às vezes, precisamos nos desequilibrar para nos equilibrar, e isso é uma constante para todo mundo.

O ciclo da confiança

Todos nós temos um consumo mental e um consumo físico. Mental é aquilo que aprendemos. E se temos muita informação na mente, pode ser positivo ou negativo, dependendo do tipo de informação que é consumida. Já o físico é tudo aquilo com que gastamos energia; aquilo com que gastamos dinheiro e não usamos.

Minha mãe, por exemplo, é acumuladora. Ela mora até hoje na casa onde eu nasci. Essa casa passou por reformas e tem uma garagem fechada onde ela guarda coisas. Ali, minha mãe tem a carreta que eu puxava quando era criança, um engradado de cerveja especial (vencida) que ela comprou no Paraguai em 1997 e ímãs que estavam grudados nas vans em que ela ia para o Rio de Janeiro quando participei de um reality show.

E por que estou dizendo isso?

Porque não é bom acumular. A nossa vida fica estagnada espiritualmente falando: você está usando espaço para algo que não será mais utilizado.

Quando falo de acúmulo mental, eu me refiro a todo tipo de informação que vai causar fadiga mental.

Televisão, por exemplo. Nem sempre o noticiário informa. Geralmente só deixa as pessoas em pânico. Uma história pode ser contada de diversas maneiras, e às vezes você fica temeroso com o que ouve e passa a se preocupar excessivamente com os problemas do mundo.

O tempo que você passa nas redes sociais, na televisão ou no próprio ambiente de trabalho pode resultar em um excesso de informação que não gera conhecimento ou sabedoria e só faz você perder seu precioso tempo.

Precisamos observar a qualidade do nosso consumo de tempo.

E é aqui que entra o ciclo da confiança.

É bom se sentir confiante. Todos temos energia para enfrentar o mundo quando isso acontece. Sabe quando você tem uma tarde agradável com seus filhos e eles dizem "Eu te amo."?

Você olha e pensa: "A vida é isso!".

Você agiu, errou ou acertou. Se acertou, entendeu que esse é o jogo e aprendeu algo com isso. Conhecimento gera confiança, e confiança gera ação.

Esse ciclo se transforma em sabedoria.

O grande problema é que às vezes somos egocêntricos – para pessoas assim, a culpa é sempre do outro. Quando começamos a detectar nosso erro, aprendemos a identificar os pontos em que precisamos melhorar. E esses pontos de melhoria ajudam na mudança da nossa mentalidade.

Passamos a entender o cenário e buscamos conhecimento e sabedoria.

E é curioso como não sabemos aprender com nossos erros, que muitas vezes fazem parte do nosso desenvolvimento e evolução.

Quem não consegue aprender com o erro não está criando sabedoria no seu deserto.

A sabedoria não vem no fracasso. Ela vem no erro, na vergonha. É o aprendizado que vem com isso.

Só erra quem produz, e só quem não tem medo de errar produz.

A ação gera acerto ou erro, que gera conhecimento, que por sua vez gera confiança, e esse ciclo gera sabedoria.

O QUE GERA CONFIANÇA EM NÓS É UM MECANISMO QUE COMEÇA COM UMA AÇÃO. TODA AÇÃO VAI GERAR ACERTO OU ERRO, E TODO ACERTO E ERRO GERA CONHECIMENTO.

Os ladrões de tempo

Ainda falando sobre otimizar o nosso tempo e melhorar a qualidade dele, é hora de olhar francamente para o que está consumindo seu tempo. Já ouvi falar de pessoas que passam sete horas por dia nas redes sociais.

O TikTok, por exemplo, definitivamente influencia no quanto de atenção você dedica ao que realmente é importante.

Não tenho nenhum problema com pessoas que fazem dancinhas. Você pode se divertir, é delicioso. O problema é quando isso ultrapassa o limite do bom senso.

Por mais que você ache divertido, há muito conteúdo irrelevante.

Dinheiro você não ganha, você faz (através das vendas)

Muita gente fala em "ganhar" dinheiro e não pensa que dinheiro não se ganha. Quem ganha é herdeiro. O restante de nós faz dinheiro vendendo.

Não pense que você não vende. Todos os profissionais do mundo vendem. Se você observar a fundo vários tipos de profissionais, vai chegar à conclusão de que todos são vendedores.

Partindo disso, você entende o que é TRABALHO PRINCIPAL, RENDA EXTRA E INVESTIMENTO. É disso que vou falar agora.

Cada vez mais vemos pessoas especialistas sendo contratadas por generalistas. O generalista é aquele que sabe um pouco de tudo mas não é focado em uma única coisa. E é quem quase sempre contrata o especialista.

É o caso do dono do hospital, que contrata médicos de todas as especialidades.

Não há qualquer problema em ser especialista, mas geralmente quem tem uma renda maior é aquele que tem um foco inicial e contrata pessoas de diversas especialidades para fazer parte de sua equipe.

Quando falamos de "trabalho principal", podemos falar sobre pessoas que são funcionárias de empresas, os profissionais CLT. Conheço gente bem-sucedida e feliz nessa condição, mas é importante ter em mente, quando se trabalha por um salário e seus benefícios no final do mês, o fato de que, se você está recebendo trinta mil para realizar determinado trabalho, está gerando um valor muito maior para quem está pagando pelo seu trabalho.

E ter um emprego fixo coloca um teto de produção sobre você. Para o indivíduo crescer, ele precisa furar esse teto, gerando mais valor para o negócio, tendo como consequência o crescimento.

Eu tenho duas dicas para quem é registrado na carteira de trabalho.

Se você ganha pouco, encare esse emprego como algo temporário. A segunda dica é: se você ganha bem e está feliz, pode ter certeza de que seu trabalho gera muito mais do que você está ganhando.

Então, para gerar uma renda extra, você pode paralelamente se tornar um empreendedor no mundo digital, por exemplo.

Quando você se torna um empreendedor e começa a trabalhar com o digital, precisa entender que vai vender, e existe muito vendedor que não sabe como vender. Mas vender é simples: basicamente você gera um desejo e supre uma necessidade.

O Brasil é um país com vários problemas, por isso tem muita coisa a ser resolvida, ou seja, muitas necessidades, já que as pessoas consomem muito: é fácil gerar desejo por meio do empreendimento.

Se você gosta de ter um emprego fixo, vá em frente. Mas saiba que Deus quer excelência de nós. Se não está fazendo algo de que gosta, interrompa já esse ciclo.

Encontre seu caminho para a renda extra
(ele pode estar na internet)

Existem algumas maneiras eficientes de fazer renda extra, aquela renda momentânea que aumenta seus ativos para você cumprir um objetivo de curto ou médio prazo.

Eu e Adriana criamos uma marca de biquíni há alguns anos. Queríamos incrementar a nossa renda, então fizemos um estoque de biquínis na nossa varanda. Eu vendia por WhatsApp, passava no correio, despachava tudo dia após dia. Sabíamos divulgar, gerar desejo e vender. Tínhamos uma página de vendas e um site, mas não delegávamos nada do que fazíamos.

Embora tivéssemos cerca de trinta mil reais por mês de renda extra, a nossa gestão de tempo e produtividade era completamente bagunçada.

Não fazia o menor sentido eu levar as caixas ao correio ou responder o WhatsApp. Era a maior burrice do mundo. Eu deveria me concentrar em buscar mais clientes ou cuidar do marketing.

Embora tenha dado bastante dinheiro, vendemos a empresa por não saber como gerir nosso tempo. Não sabíamos nada do negócio, por isso estipulamos um valor para a marca e a vendemos para a concorrente.

Hoje, com o comércio digital, temos uma perspectiva devastadora e somos obrigados a incluir essa modalidade de qualquer maneira nos nossos planos se quisermos prosperar.

E pode ter certeza: a produtividade passa pela renda digital.

Eu sei que, até hoje, mais errei do que acertei, e aprendi muito com meus erros. Por isso, sei como dar sugestões a alguém que deseja fazer uma renda extra.

Em Orlando, onde moro, por exemplo, eu lucraria com venda de alimentos ou produtos. Como poucas pessoas têm funcionários em casa, a maioria compra tudo pronto. Assim, vender marmitas seria uma ótima ideia.

E na sua cidade? Você saberia o que funciona?

Numa cidade grande que tem acesso ao iFood, você pode começar a vender até no boca a boca. Todos podemos fazer algo. Basta querer.

Quem não sabe produzir nada pode se tornar revendedor de algum produto, trabalhar como entregador ou prestar serviços com aplicativos.

Também existe uma excelente oportunidade de fazer uma renda extra para quem quer dar aulas on-line num nicho que domina.

Você pode achar que não sabe nada, mas sempre tem algo que sabe mais do que as outras pessoas. Então, empacote isso num curso e venda.

As profissões digitais estão aí para mostrar como funciona. E hoje o acesso é muito fácil.

Você pode se tornar redator: busque clientes no seu próprio bairro e cuide da rede social deles. Ofereça gestão de conteúdo para estabelecimentos comerciais da região. Quem deseja gerar uma renda extra tem que perder a vergonha e oferecer seu serviço de verdade.

Alguém que passa a tomar conta do Instagram e de outras redes sociais de uma empresa pode fazer um preço médio para outras. Ou então vender cursos de outras pessoas como afiliado.

Além da renda extra, você pode pensar em lucrar com investimentos, o que já é uma terceira etapa.

O lucro é o resultado do encontro do dinheiro com uma oportunidade. Basicamente, investir é colocar dinheiro em algo e ter um retorno legal desse dinheiro. Tudo que é ativo você precisa detectar; tudo que é passivo você também precisa detectar. Lembrando sempre que:

- ativo é tudo que coloca dinheiro do seu bolso;
- passivo é tudo que tira dinheiro do seu bolso.

O grande erro? Achar que passivo é ativo.

Pensando lá na frente: a independência financeira

Quando comprei a minha casa, entendi que era um momento de crescimento imobiliário na Flórida. Compramos o imóvel numa área em expansão e eu sabia que haveria uma valorização.

Em um ano e meio a casa valorizou mais de 1 milhão de dólares. E, embora eu não possa utilizar esse dinheiro, que está em patrimônio, e por ora ela seja um passivo, porque gera custos de manutenção, parece que foi um bom investimento.

Quando falamos de "ativo" e "passivo", temos que nos organizar para que os ativos atinjam um nível de lucro e patrocinem a nossa independência financeira.

E independência financeira não é só fazer dinheiro de forma independente. Aliás, eu já achei que era independente porque estava fazendo dinheiro quando saí do reality show, mas eu só tinha saído da casa dos meus pais. Não percebia que, se eu parasse de trabalhar, meu dinheiro acabaria.

Eu não tinha ativo para me aposentar.

Ser independente financeiramente é ter uma renda que venha dos nossos ativos, para que eles paguem nosso custo de vida. Eu nem sabia qual era o valor do meu custo de vida.

Para mim, o melhor negócio que você pode ter na sua vida é o seu próprio negócio. O melhor investimento é na capacitação do seu próprio negócio, seja ele qual for.

O digital trouxe uma margem de lucro que nunca se viu. Com duas ou três pessoas você pode montar uma equipe que consegue fazer lançamentos de produtos físicos, alcançando lucros que não seriam possíveis sem o marketing digital.

Outros tipos de investimentos que eu indicaria são o mercado financeiro ou o imobiliário.

Porém, para focar investimentos financeiros, é necessário ter tempo para lidar com o mercado financeiro, aprendendo suas estratégias e vivendo como um investidor.

Já no mercado de imóveis, você pode adquirir fundos imobiliários, por exemplo, e estar no mercado imobiliário estando no mercado financeiro.

Mas entenda: nada supera o seu próprio negócio.

A tríade do sucesso

Sempre que estamos com o lado racional forte, tomamos boas decisões. Se o emocional estiver mal trabalhado, tomamos decisões ruins.

Por isso, em primeiro lugar na tríade do sucesso está a INTELIGÊNCIA EMOCIONAL.

Inteligência emocional

No escopo da inteligência emocional estão as crenças, o ambiente e as metas.

CRENÇA é tudo que aprendemos. É como se fôssemos uma árvore com raízes podres ou boas que nos nutrem. Existem crenças que nos limitam, e aprendemos muitas coisas de forma errada por falta de conhecimento. Por isso, precisamos entender as crenças, aprender novas crenças e incorporá-las em nosso dia a dia.

AMBIENTE é o lugar onde vivemos ou que frequentamos. Nossa casa, por exemplo, deve ser um lugar sagrado. Não podemos receber qualquer pessoa a qualquer momento.

É sabido que um ambiente determina o crescimento de alguém. Se eu colocar uma planta sem luz e sem água dentro de um estúdio, ela vai morrer. Se eu a colocar num lugar com sol e natureza, ela vai se tornar uma planta linda.

É isso que eu quero que você entenda sobre o ambiente em que está inserido.

Em relação às METAS, elas podem ser de curto, médio e longo prazo, mas precisam ter datas e estratégias.

Esses três itens estão dentro da esfera de inteligência emocional.

Empreendimento

O segundo pilar da tríade do sucesso é o EMPREENDIMENTO.

Empreender faz parte de um universo amplo e envolve três áreas muito importantes:

NEGÓCIO FÍSICO – NEGÓCIO DIGITAL – PROFISSÕES

Não conheço ninguém que empreenda e tenha sucesso sem inteligência emocional.

Quando falamos sobre profissões digitais, precisamos ter em mente que não é preciso ser especialista. Você pode aprender algo muito rápido, mas, para isso, vai precisar contar com especialistas que o orientem ou trabalhem com você na tomada de decisões.

Influência

O último pilar da tríade de sucesso é a INFLUÊNCIA – ou você influencia ou é influenciado. A diferença é: Por quem somos influenciados? Quem são nossos influenciadores?

Temos que ter esse filtro, e ele passa pelas pessoas que ama, sabendo que não dá para perder tempo.

Você pode gerar influência por meio do seu resultado, desejo ou lifestyle. Embora às vezes não tenha resultado, pode ser que, se tiver um estilo de vida gostoso de ser acompanhado, isso gere resultado. As pessoas desejarão acompanhar você.

Quem influencia você porque te inspira?

A quem você inspira?

Na internet, ou você é consumidor ou é fornecedor, independentemente do tamanho da sua rede social.

Uma dica para quem estiver com medo de compartilhar a própria vida pela tela do celular: "Ah, mas vão me chamar disso e daquilo". Deixe que falem. Não ligue para o que os outros estão falando. Posicione-se, fale do seu negócio, mostre sua rotina, não seja morno.

Deus gosta que a gente se posicione.

A rotina de milhões

A sua rotina é programada pelos outros ou por você?

Ou é programada pelo que é importante, ou pelo que é urgente. Entenda que, para que possamos programar qualquer rotina, devemos relembrar o que é URGENTE, CIRCUNSTANCIAL e IMPORTANTE.

A primeira hora determina como será nosso dia.

Eu acordo às 4h40. Cuido da minha saúde, do meu trabalho e dos meus filhos todos os dias. E organizo a minha rotina sempre do mesmo jeito.

Logo depois que acordo, tomo um copo d'água e determino o que será importante. Em seguida, tomo meu shot matinal, faço exercício físico, tomo um banho gelado e às vezes faço reuniões que são necessárias.

ENTENDA QUE ACORDAR
CEDO NÃO FAZ VOCÊ FICAR
RICO. O QUE VOCÊ FAZ
QUANDO ACORDA, SIM.

Às sete horas, acordo meus filhos, preparo o café deles e os deixo na escola.

Como já adiantei uma hora de trabalho, estimulado pela minha saúde, tenho tempo com minha esposa antes de voltar ao trabalho.

A minha prioridade no meio da manhã envolve esposa e trabalho. Se eu não estou com ela, se não converso com ela, meu dia não funciona.

Repare que aqui eu estou colocando o que é importante *para mim*.

À tarde tenho um tempo de descanso; minha esposa busca as crianças na escola e em seguida fico com meus filhos.

O meu trabalho é feito bastante em casa e é muito produtivo. Hoje eu consigo otimizá-lo e resolver tudo em quatro horas por dia.

À noite, minha prioridade é o tempo de qualidade com a minha esposa. A partir das sete horas, não pegamos o telefone.

Essa é a minha rotina de milhões, mas ela precisa ser diferente para cada um. Você deve criar a sua rotina.

Entenda que é necessário conseguir se programar com base no que é importante para você, ou no que é circunstancial, ou no que é emergencial ou urgente.

Você tem que construir uma vida produtiva a partir do que considera importante.

Entenda que acordar cedo não faz você ficar rico. O que você faz quando acorda, sim.

Agora eu quero que você escreva nas linhas a seguir uma rotina para os seus próximos 30 dias. Comprometa-se com ela.

104

O RESULTADO PODE ATÉ ACONTECER NUM PRIMEIRO MOMENTO, MAS A MANUTENÇÃO E A CONSISTÊNCIA FARÃO A DIFERENÇA EM SUA VIDA.

ATITUDE

Você sabe qual é a diferença entre INFORMAÇÃO, CONHECIMENTO e SABEDORIA?

Quando falamos em atitude, precisamos primeiro diferenciar esses três pontos.

Você acha que INFORMAÇÃO é importante? Dependendo do tipo de informação e da fonte, sim.

Informação é tudo aquilo que você lê, escuta, mas não absorve nem coloca em prática. É algo que você acessa, que gera uma emoção (nem sempre positiva), mas nem sempre muda algo na sua vida.

Se você recebe uma informação e não verifica se é verdade, ela não serve para nada. Se você absorve muita informação e não utiliza, isso só vai gerar fadiga mental.

Já o CONHECIMENTO acontece quando você lê, escuta, absorve e retém.

Quem não tem conhecimento não chega a lugar algum. Mas quem não coloca o conhecimento em prática se torna uma pessoa vazia. Como assim?

Vamos supor que eu estude teologia. Eu sei tudo sobre Deus, porém não vivo o que estudo. Apenas aprendo, absorvo e não pratico esse conhecimento na minha vida diária.

Já conheci pessoas que entendiam o mecanismo financeiro, mas eram incapazes de enriquecer. Um personal trainer que estava fora de forma e não treinava. Uma nutricionista que se alimentava mal.

São exemplos de pessoas com muito conhecimento, mas que não o colocam em prática na própria vida.

Conhecimento sem ação é informação gourmetizada.

E então partimos para a SABEDORIA, o último pilar. É basicamente tudo que você entende, a que tem acesso, absorve e coloca em prática.

São três as coisas que você precisa fazer: ter acesso, absorver e colocar em prática. O que você tem que entender sobre a sabedoria é o seguinte: ela funciona em longo prazo.

O resultado pode até acontecer num primeiro momento, mas a manutenção e a consistência farão a diferença em sua vida.

A sabedoria muitas vezes vem no deserto. É nos piores momentos que ela surge. Na minha vida, os maiores aprendizados vieram nos dias de crise, de problemas.

É quando resolvemos os problemas que começamos a aprender.

É preciso consciência para aprender com cada detalhe. Temos oportunidades para aprender, mas o medo nos paralisa. Quando temos muito medo, ele é proporcional à distância que estamos de Deus.

Você precisa buscar em si mesmo a capacidade de entender quando a oportunidade estiver à sua frente. Às vezes o desespero nos impede de enxergar isso.

Seu desespero é proporcional à sua distância de Deus. Quando você entende isso, as coisas começam a caminhar.

Ao falar de informação, conhecimento e sabedoria, a dica que dou é: seja sábio. Não busque informação, nem fadiga mental.

É só observar a sua gestão de tempo nas redes sociais.

Eu sigo mais de duzentas pessoas no Instagram, mas só vejo o conteúdo de quatro pessoas. Faço isso porque não quero desviar meu foco. Se estou numa fase produtiva, não vou ficar olhando festas e polêmicas. Preciso produzir, não posso desviar meu foco. Se eu seguir quem não acrescenta nada à minha vida, perco tempo, meu ativo mais precioso.

Outro dia recebi uma proposta muito interessante, mas respondi "Não quero". Não era que eu não podia. Eu não queria. Porque, se fizesse, sabia que não faria da melhor forma possível, com a maestria com que me proponho a fazer tudo que faço.

O grande problema é que as pessoas não sabem ouvir um "não".

Quando compramos a casa nos Estados Unidos, meu pai disse: "Olha, não vou nem perguntar quanto você pagou". Eu respondi: "Não, porque não é preciso saber".

Qual a questão?

Você entenderá como sua vida pode ser mais produtiva à medida que observar como usa e consome as informações, e também a maneira como as dissemina.

O que quero propor agora é que você silencie as pessoas que segue nas redes sociais nos próximos 24 dias.

Por quê? Para ter mais tempo para fazer as coisas andarem na sua vida e para você ser mais produtivo no que precisa ser.

Temos que ter cuidado para não perdermos tempo com bobagens, porque o tempo pode ser nosso maior aliado e também nosso maior inimigo.

O processo é o que mais importa

O processo para chegar ao pote de ouro, na maior parte das vezes, é o que mais vai fazer você feliz.

Outro dia meu amigo me enviou um link com os dizeres: "Vamos comprar?".

O link levava a um avião.

Um avião?

Não preciso de algo assim. Não faço quinze viagens por mês. Nem quero. Além disso, é inviável.

A verdade é que, se eu entrasse no link e visse aquela promessa sedutora, poderia facilmente cair naquela cilada.

Muitas pessoas acessam sites de lojas de roupas e gastam demais: perdem tempo, dinheiro e consomem por impulso. Você perde tempo. E é preciso que você anote isto: sempre que tomar uma decisão, dê um primeiro passo.

NÃO PRECISAMOS
PASSAR INFORMAÇÕES
SOBRE NOSSA VIDA
PARA TODOS.
E ISSO QUER DIZER:
DIGA MAIS "NÃOS".

Você precisa de disciplina. E o PROCESSO tem muito a ver com isso.

Processo é uma ação contínua e prolongada que tem por objetivo concluir uma atividade. Uma sequência contínua de fatos e operações que se reproduzem com regularidade. Ou seja: o processo está em absolutamente tudo que vamos fazer. Mas somos imediatistas, por isso muitas vezes queremos pular etapas dos processos.

Precisamos aprender a ser felizes no processo, porque nossa vida é uma eterna caminhada. Estamos sempre caminhando para algo maior. E, se você está lendo este livro, as mudanças serão visíveis em sua vida.

É muito natural desejarmos o sucesso. Quando eu era mais novo, acreditava que ser famoso era muito legal. Observava como se portavam e viviam as pessoas famosas, mas não entendia que muitas vezes aquela vida era vazia.

Você pode ter dinheiro e fama. Pode ser bem-sucedido, ter um negócio rentável, pode ser conhecido na sua faculdade, no seu bairro. A fama são os aplausos, as curtidas.

Logo que saí do reality show, meu ego me traiu, porque eu acreditava que estava famoso demais. Via as pessoas pedindo para tirar fotos comigo e não entendia isso.

Hoje vejo que a fama não leva a nada. Eu quero ter sucesso em algo. Todos querem, mas será que sabemos o preço a ser pago por ele?

O sucesso não é conquistado de forma definitiva. Você precisa, todos os dias, fazer algo para que ele continue existindo em sua vida.

Os pilares de uma vida de sucesso são TEMPO, DEDICAÇÃO, PRIORIDADE e ESTRATÉGIA.

Lembra da dívida de trezentos mil reais sobre a qual eu comentei? Não sabíamos bem o que fazer, e entendíamos pouco sobre gestão de tempo. Eu precisava me dedicar ao máximo ao que estava fazendo. Foi exatamente naquele momento que começamos a entender a internet como um mercado.

Eu tinha muito claras as minhas prioridades para não viver uma vida de reclusão. Priorizava aquilo de que precisava, observando nosso faturamento.

Então criei estratégias para ir adiante.

Com os quatro pilares que vimos neste livro (MANDAMENTOS, APREN-DIZADO, PRODUTIVIDADE, ATITUDE), não é possível continuarmos no lugar em que estamos.

Mas sabe de uma coisa? O sucesso não é conquistado. É alugado.

Várias pessoas que emergem rapidamente e começam a ter acesso a coisas muito grandes passam a viver com soberba, colocando tudo a perder.

A atitude está completamente ligada ao posicionamento; hoje, o que mais vemos são pessoas mornas nos seus posicionamentos.

Ter atitude é se posicionar com sua identidade.

Se você respondeu às perguntas do primeiro capítulo para saber quem é você, então conhece seu posicionamento. A verdade é que, se você não se posicionar quanto àquilo em que acredita, vai ser posicionado onde os outros acreditam que seja o seu lugar.

Eu e Adriana já sofremos muito por conta disso. Quando ela começou a dar as caras na internet, diziam que ela era uma "blogueirinha". Quando eu comecei a falar de finanças, muitos diziam em tom de piada: "Virou economista agora?".

As pessoas sempre vão dizer alguma coisa.

É comum elas permanecerem no status quo em que estão, mas você tem uma mente diferenciada. Por isso é importante saber quais foram as atitudes que trouxeram você até aqui hoje.

Quando falamos em POSICIONAMENTO, é importante entender quem é você.

Agora vou contar uma história que me emociona muito.

Assim que eu e Adriana descobrimos que ela estava grávida do Rodrigo, fizemos um ultrassom. Nesse exame, foi diagnosticado que ele tinha microcefalia.

Buscamos o melhor médico, que alguém nos indicou. Fui viajar e, certa tarde, minha esposa me ligou aos prantos.

O médico havia dito nas entrelinhas que ela deveria abortar.

Fiquei paralisado. "Promete para mim que nunca vamos fazer isso", eu disse, de imediato.

O resumo dessa história é que muitas vezes algumas pessoas darão palpites na sua vida. Nesse caso, era na vida do meu filho.

O que aconteceu foi que, por causa de um diagnóstico equivocado, ficamos reféns de uma opinião que queria nos induzir a um aborto.

Por isso, nunca deixe que digam a você o que fazer. Vá em frente, sempre na direção daquilo em que acredita de verdade.

MÃO NA MASSA

Liste suas atitudes

Para ser uma pessoa de atitude, é importante prestar atenção nas atitudes que você está tomando.

- Quais são as atitudes que fizeram com que você estivesse aqui, hoje, lendo este livro?
- Escreva neste espaço três atitudes ruins que teve na sua vida e os resultados que elas trouxeram.

Se alguma dessas atitudes ruins afetou alguém, está na hora de pedir perdão a essa pessoa.

- Escreva cinco atitudes que você tomará amanhã a partir das cinco horas da manhã (isso mesmo, comece cedo).

Hora de refletir: pontos que demandam atitude plena

1. Decidir

Este é o momento de decidir e entender o que vai levar você aonde quer na sua vida.

São as decisões que farão você ter novas atitudes. Quando você acredita em algo, é importante ir adiante com isso, independentemente do que digam.

2. Acreditar

Se você não acreditar nos seus sonhos, quem vai acreditar?

Na época em que trabalhava como modelo, eu jogava futebol três vezes por semana. Meus amigos do jogo me chamavam de "modelo" em tom pejorativo.

Eu poderia simplesmente acreditar naquilo e não seguir adiante como modelo, para não passar vergonha. Mas insisti e fiquei em segundo lugar no Mister Mundo – e esse foi um grande diferencial para que eu pudesse entrar no reality show, conhecer a Adriana e acessar tantas outras portas que se abriram a partir de então.

3. Servir

O terceiro passo para a atitude plena é servir, isso é bíblico. As pessoas bem-sucedidas que conheço vivem compartilhando, servindo, fazendo algo para outras pessoas.

Existem leis humanas e leis divinas. E é até difícil dizer como isso transforma a nossa vida.

Hoje, eu e Adriana podemos servir pessoas com dinheiro, com a palavra. Fazemos atos de caridade, e isso nos preenche de todas as formas.

4. Cuidar do ambiente

Cuide do seu ambiente, seja profissional, familiar ou entre amigos.

Comece a perceber e a silenciar o que rola nos ambientes em que você está. O tema são outras pessoas? Falam mal de algumas pessoas?

Quando entendemos que no ambiente onde estamos só se fala de pessoas, e não de ideias, é preciso avaliar se ele realmente agrega algo à nossa vida.

5. Buscar resultados

Seja rico em boas obras. Não há como colher resultado ruim plantando boas obras.

Se estamos cuidando da nossa vida, estamos crescendo.

O nosso resultado vai depender definitivamente da nossa decisão, de acreditar. E eu não conheço pessoas bem-sucedidas que vivem em ambientes ruins.

Quando falamos em RESULTADO, é impossível não tocar em dois pontos: ser consumidor ou ser fornecedor (em relação a todas as áreas da sua vida, seja em finanças ou nos negócios digitais, por exemplo). Ou você está consumindo, ou está fornecendo.

Do que você precisa para deixar de ser um consumidor e passar a ser um fornecedor?

Comecei a refletir sobre isso e mudei muitas coisas na minha vida.

6. Ter intencionalidade

Se você fizer qualquer coisa com uma intenção ruim, de nada adiantará.

A sua intenção determina muita coisa. Se a intenção é boa, tudo muda.

A intencionalidade é o caráter de um ato ou o estado de consciência adaptado a um projeto.

A intencionalidade por trás das nossas ações deve ser baseada na nossa identidade, no nosso propósito e objetivo.

Por meio dela, você começa a transbordar na vida das pessoas, levando seu conhecimento e mostrando a diferença que faz na vida dos outros. Você passa a se tornar interessante.

7. Ser interessante

Minha esposa é uma mulher muito bonita, mas ao longo dos anos ela se tornou mais interessante. Ela tem a intenção de melhorar nosso relacionamento, e eu tenho a mesma intenção. A intencionalidade de ambos faz a relação ficar cada vez melhor. Por isso, seja interessante.

Quando fizer networking, seja interessante, não interesseiro.

É preciso ter um posicionamento claro em todos os seus círculos de amizade. Esteja muito atento a isso.

Os três pontos para ser uma pessoa interessante são:

- Ser interessante, e não interesseiro.
- Não fazer perguntas desnecessárias.
- Ser você, ser autêntico.

Habit tracker

Nos próximos 24 dias, você vai escolher sete coisas que precisa mudar.

Qual será a tarefa que colocará em prática? Todos os dias, você terá que se desafiar a cumprir os sete itens.

Não há quem não consiga. Há quem desista.

E lembre-se: disciplina é tudo.

Fica muito mais fácil quando você tem um objetivo que vem por meio do seu propósito.

O problema é ser disciplinado para fazer algo que não queremos. É fundamental querer.

Fale menos e tenha mais atitude.

Use a tabela a seguir para mapear o seu progresso nos próximos 24 dias.

PRÁTICAS	DIAS									
	1	2	3	4	5	6	7	8	9	10
Decidir										
Acreditar										
Servir										
Cuidar do ambiente										
Buscar resultados										
Ter intencionalidade										
Ser interessante										

11	12	13	14	15	16	17	18	19	20	21	22	23	24

Este livro é o legado que deixo aos meus filhos, para que saibam sempre que eles mesmos são o maior investimento de suas vidas.
Recomecem quantas vezes for preciso.

AGRADECIMENTOS

Agradeço a Deus por me guiar todos os dias, por estar presente em cada decisão que tomo em minha vida.

Agradeço à minha família, à minha equipe e a todos que, de alguma forma, fizeram parte desta obra.

Obrigado pelo carinho, pelo trabalho e por todo o amor.

Chegamos juntos até aqui! Agora, quero dar a você um presente exclusivo que preparei. Basta abrir a câmera do seu celular e apontar para este qr code:

Um abraço, muita saúde e prosperidade para você e sua família,
RODRIGÃO

FONTES More Pro, Action Condensed
PAPEL Alta Alvura 120 g/m^2
IMPRESSÃO Imprensa da Fé